心が元気になる、5つの部活ストーリー

青春サプリ。

──きみの背中を見ている

日比野恭三・青木美帆・オザワ部長
近江屋一朗・菊地高弘 文／くじょう 絵

ポプラ社

Contents

―― 目次 ――

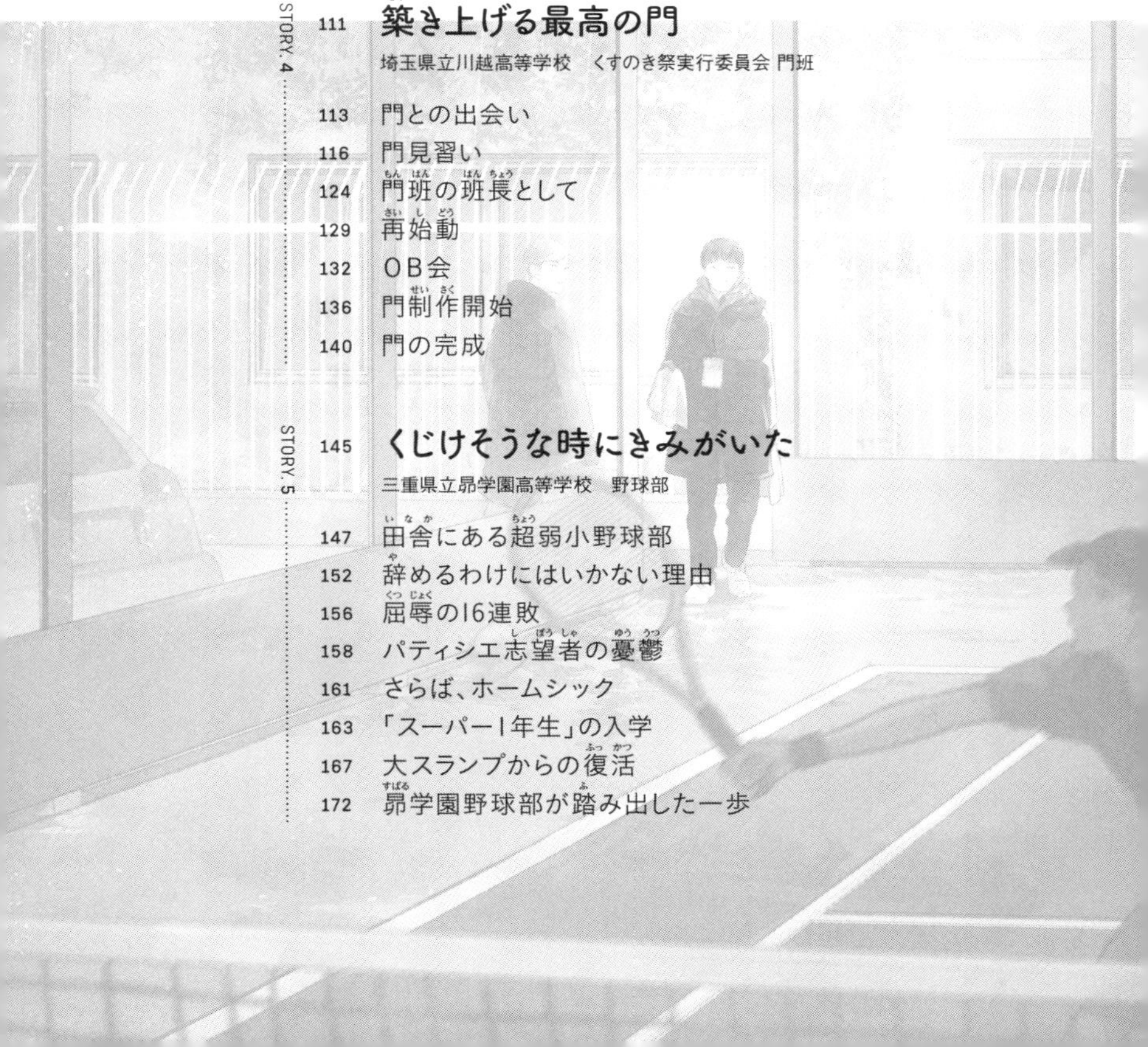

この本に収録《しゅうろく》されているストーリーは、
すべて実話《じつわ》です。

STORY. 1

僕《ぼく》たちにしかできないこと

柳《やな》川《がわ》高等学校　テニス部

福岡県柳《やな》川《がわ》市

御子柴里武｜Mikoshiba Satomu

テニス部のキャプテン。3年生。
高校生のトーナメントディレクター。

本田健児｜Honda Kenji

テニス部の監督《かんとく》。
高校で国際《こくさい》大会を開く計画を思いつく。

瀬倉柊｜Sekura Shu

テニス部のメンバー。2年生。
御子柴《みこしば》たちの想《おも》いを引き継《つ》ぐ。

チャンスは突然《とつぜん》やってくる

福岡県南部に位置する柳川《やながわ》市は、町じゅうに水路が張《は》りめぐらされていることから、〝水の都〟とも呼《よ》ばれる。その静かな町の一角にある私立《しりつ》柳川《やながわ》高校で、1人の生徒が廊下《ろうか》を早足で歩いていた。テニス部に所属《しょぞく》する3年生、御子柴里武《みこしばさとむ》だ。

(いったい何だろう？　悪いことは何もしてないはずだけど……)

心にさざ波が立っているのは、突然《とつぜん》の呼《よ》び出しを受けたから。教室にやってきたテニス部のコーチから「すぐに校長室に来てくれ」と言われたのだ。

重厚感《じゅうこうかん》のある木製《もくせい》のドアをノックして校長室に足を踏《ふ》み入れると、テニス部の監《かん》督《とく》やコーチなど数人の大人が集まって会議を開いている最中だった。

招《まね》かれるまま椅子《いす》に腰《こし》を下ろした御子柴《みこしば》。そちらに向かって、校長が口を開いた。

「急に呼《よ》び出してすまなかったね。実は今年、ここ柳川《やながわ》高校にプロの選手たちを招《まね》いて、テニスの国際《こくさい》大会を開催《かいさい》することになったんだ。そこで、御子柴《みこしば》くんに大会のトーナメントディレクターを任《まか》せたいと思っている。引き受けてもらえるか？」

トーナメントディレクターとは、簡単《かんたん》に言うと、大会の総責任者《そうせきにんしゃ》のことだ。大勢《おおぜい》の運営《うんえい》スタッフを束ね、大会がスムーズに進むように舵取《かじと》りをしなければいけない。ふつうは、大会の進め方をよく知る大人がやるものなので、それを任《まか》せたいと急に言われても、御子柴《みこしば》はすぐには理解《りかい》できなかった。

(僕《ぼく》がトーナメントディレクター……？)

大人たちの視線《しせん》が自分に集まっているのを感じながら、ほんのわずかな時間、御《み》子柴《こしば》は考えた。

(トーナメントディレクターになったら、何をしなくちゃいけないんだろう？　本当に自分にできるのか？　正直、よくわからない。ただ……)

断《ことわ》るという選択肢《せんたくし》は不思議と浮《う》かんでこなかった。引き受けることが自分のプラスになる、というかすかな予感があった。

顔を上げた御子柴《みこしば》は、校長の目を見すえて、こう答えた。

「僕《ぼく》でよければ、ぜひやらせてください」

高校生トーナメントディレクター、誕生《たんじょう》

さかのぼること2か月——。

2023年4月下旬《げじゅん》、御子柴《みこしば》はテニスの大会に出場していた。福岡県高校総体《そうたい》テニス選手権《せんしゅけん》大会の南部ブロック予選会。この予選会を突破《とっぱ》すれば、福岡県大会に駒《こま》を進められる。

御子柴《みこしば》は個人戦《こじんせん》のシングルスとダブルスにエントリーし、ともに2勝することはできたが、次の試合で敗退《はいたい》した。上位8名（ダブルスは上位4組）に与《あた》えられる県大会の出場権《しゅつじょうけん》をつかむことはできなかった。

柳川《やながわ》のテニス部はインターハイ優勝《ゆうしょう》25回（男子団体《だんたい》）を数える、全国でも指折りの強豪《きょうごう》だ。当然、部内ではレベルの高い競争が常《つね》に繰《く》り広げられている。御子柴《みこしば》はキャプテンを務《つと》めていたものの、団体戦《だんたいせん》のメンバーには入ることができず、そのため、この予選会が高校最後の公式戦となった。

福岡県高校総体《そうたい》
高校総体《そうたい》（インターハイ）の予選にあたる大会。

シングルス
1対1で行われる試合。

ダブルス
2対2で行われる試合。

インターハイ
全国高等学校総合《そうごう》体育大会。毎年7月から8月に開催《かいさい》される高校スポーツの祭典。高校総《そう》体《たい》とも。

大きな区切りとなる試合に負けても、涙《なみだ》は出なかった。シングルスもダブルスも、最後の試合の相手は柳川《やながわ》テニス部のチームメイト。強敵《きょうてき》であることはよく知っていたし、全力で立ち向かった結果に悔《く》いはなかった。

(力を出し切って負けたのだから、仕方がない)

すぐに頭を切り替《か》えると、それ以降《いこう》は、どこの大学に進むのがよいかと自分の進路について真剣《しんけん》に考え始めた。部活でケガをして十分に練習が積めない期間が多かったから、「スポーツ医療《いりょう》を学べる大学に進もう」と考えるようになった。

5月、福岡県久留米《くるめ》市で開催《かいさい》される女子テニスの国際《こくさい》大会に、御子柴《みこしば》を含《ふく》む柳川《やながわ》テニス部の部員数名が手伝いに行くことになった。その際《さい》、テニス部の本田健児《ほんだけんじ》監督《かんとく》から、こんなことを伝えられた。

「今年、柳川《やながわ》高校にプロの選手たちを集めて国際《こくさい》大会を開催《かいさい》する計画が進んでいる。久留米《くるめ》の大会では、スタッフの皆《みな》さんがどういうふうに動いているか、どうやって大会が運営《うんえい》されているのかを、しっかり学んでおくように」

「は……はい」

部員たちの返事には戸惑《とまど》いが混《ま》じっていた。

柳川《やながわ》高校のテニスコートで国際《こくさい》大会が開催《かいさい》されるらしい、という話はなんとなく聞いていたが、詳《くわ》しいことはまだ知らされていなかった。部員たちは「自分らが関わるといっても、線審《せんしん》やボーラーとして手伝うくらいだろう」と軽く考えていたから、「しっかり学んでおくように」という監督《かんとく》の言葉に少しばかり驚《おどろ》いたのだ。

（どういうことだろ？　意外と本格的《ほんかくてき》に僕《ぼく》たちも関わるのかな）

そんな思いが御子柴《みこしば》の頭をよぎった。

プロのテニス選手は、世界中で行われる大会に参加し、成績《せいせき》に応《おう》じて得《え》られるポイントを積み重ねることで、自分の世界ランキングを上げていく。ランキングが高くなれば、より大きな大会に参加しやすくなり、高額《こうがく》な賞金《しょうきん》を手にするチャンスも増《ふ》えていく。

ふつう、それらの大会を主催《しゅさい》するのは、テニスに関係するさまざまな団体《だんたい》や企業《きぎょう》、大学など。「高校がプロの国際《こくさい》大会を主催《しゅさい》する」というのは極めて異例《いれい》のことで、おそらく世界で初めての試みだった。

線審《せんしん》
球技《きゅうぎ》などで、ボールが線の外に出たかどうかを判定《はんてい》する人。

ボーラー
試合で、ボールを拾って選手に渡《わた》す人。ボールパーソン。

このアイディアを最初に思いついたのは、本田監督《かんとく》だ。柳川《やながわ》テニス部の監督《かんとく》になって20年以上が経《た》つ。その間、新しいことに挑戦《ちょうせん》しなくては、との思いがだんだん強くなってきた。

(監督《かんとく》に就任《しゅうにん》したころと比《くら》べて、時代は大きく変わった。もちろん試合で勝つことも大切だが、それ以外のところからも学びを得《え》られるような部活動に変わっていかなくてはいけない。……そうだ! 高校でテニスの国際《こくさい》大会を開くのはどうだろう? 柳川《やながわ》高校で大会を開催《かいさい》することができれば、プロ選手のレベルの高いプレーを肌《はだ》で感じられるだけでなく、これまで「大会に出る」だけだった生徒たちが「大会を開く」ことがどんなに大変なのかを知る機会になる。学べることがたくさんあるに違《ちが》いない)

柳川《やながわ》高校の教頭でもある本田監督《かんとく》の思いは、やがて、古賀賢《こがけん》校長に伝わった。古賀校長は「2030年に宇宙修学旅行《うちゅうしゅうがくりょこう》を実現《じつげん》しよう!」という構想《こうそう》を掲《かか》げるなど、斬新《ざんしん》なアイディアをどんどん打ち出してきた人物。高校でテニスの国際《こくさい》大会を開くという本田監督《かんとく》の考えにもすぐに賛同《さんどう》し、学校として実現《じつげん》に向けて動き出すことになった。

本田監督《かんとく》たちはテニス部のOBなどに協力を呼《よ》びかけ、またいろいろな企業《きぎょう》に対しても「スポンサーになっていただけませんか」と相談して回った。その結果、高校でテニスの国際《こくさい》大会を開くというユニークな取り組みに対して多くの支援《しえん》が集まり、実業団《じつぎょうだん》のテニスチームをもつ東京の大手企業《きぎょう》が大会のメインスポンサーになることも決まった。

その支援《しえん》を活用して、プロの試合ができるようなテニスコートを作ったり、審判《しんぱん》が座《すわ》る審判台《しんぱんだい》を新しいものに取り換《か》えたりして、国際《こくさい》大会を開くための準備《じゅんび》が着々《ちゃくちゃく》と進められた。

そんな6月下旬《げじゅん》のある日——。柳川《やながわ》高校の校長室で会議が開かれた。

このころには、大会の開催《かいさい》計画もかなり具体的なものになっていた。

テニスの国際《こくさい》大会はいくつかのカテゴリに分かれているが、柳川《やながわ》高校で行われることになったのは、その中で最も低いグレードの大会。これから本格的《ほんかくてき》にプロとして活躍《かつやく》したいと考えている選手たちが集まる、登竜門《とうりゅうもん》のような位置づけの大会だ。

OB
男性《だんせい》の卒業生。

スポンサー
事業や取り組みに賛同《さんどう》し、資金《しきん》を出してくれる人や企業《きぎょう》。出資者《しゅっししゃ》。

開催《かいさい》時期は2023年12月。2週間にわたって開催《かいさい》されることになった。

そして、この日の会議で議題となったのが、大会のトーナメントディレクターをどうするか、ということだった。

「ディレクター」とは、指示《しじ》を出す人のことを意味する。つまり、トーナメントディレクターとは大会を取り仕切る総責任者《そうせきにんしゃ》のことで、準備段階《じゅんびだんかい》から実施《じっし》期間中まで、さまざまなことを決め、運営《うんえい》スタッフに指示《しじ》を出さなければいけない立場だ。その大会の特色も、トーナメントディレクターの考え方や個性《こせい》によって決まってくる。

（この大会のトーナメントディレクターは、テニス部の本田監督《かんとく》か、あるいはコーチの誰《だれ》かが務《つと》めることになるだろう）

会議の参加者のほとんどがそう考えていたなか、古賀校長がこう切り出した。

「本田先生。せっかく高校で国際《こくさい》大会を開くのですから、トーナメントディレクターも高校生に任《まか》せてみてはどうでしょう。チャレンジさせてみませんか」

ふつうの感覚では、トーナメントディレクターを高校生に任《まか》せるなんて考えられない。常識《じょうしき》にとらわれない古賀校長だからこそ生まれた発想だった。

2週間にわたって開催《かいさい》
実際《じっさい》には、1週間の大会が、2週続けて開催《かいさい》された。

校長の言葉に、本田監督《かんとく》は思わず膝《ひざ》を打った。

「なるほど！　すごくいい考えですね。トーナメントディレクターという大役を高校生が担《にな》い、それを私《わたし》たち大人が全力でサポートする。その形でいきましょう」

「となると、その大役にふさわしいのは……？」

校長からそう問われた本田監督《かんとく》の頭には、ある生徒の顔が思い浮《う》かんでいた。日ごろからテニス部の部員たちの様子を注意深く見つめてきた本田監督《かんとく》。人間性《にんげんせい》という部分でとりわけ目を引いたのが、御子柴《みこしば》だった。

学年を問わず、部員の誰《だれ》からも頼《たよ》られている。年齢《ねんれい》のわりに立ち振《ふ》る舞《ま》いが大人びていて、周りへの気づかいもよくできる。

その姿《すがた》に感心したからこそ、本田監督《かんとく》は、御子柴《みこしば》が3年生に進級すると同時にテニス部のキャプテンに指名した。

（トーナメントディレクターという大変な仕事も、彼《かれ》ならきっとできる。必ず引き受けてくれるはずだ）

そう考え、本田監督《かんとく》は自信をもってこう推薦《すいせん》した。

「やはりテニス部のキャプテン、御子柴《みこしば》がいいと思います」

古賀校長は深くうなずいた。

「私《わたし》も賛成《さんせい》だ。すぐに御子柴《みこしば》くんを呼《よ》んでください」

数分後、何も知らされていない御子柴《みこしば》が校長室へとやってきた。不安げな表情《ひょうじょう》を浮《う》かべる御子柴《みこしば》に、古賀校長は語りかけた。

「御子柴《みこしば》くん、ここ柳川《やながわ》高校で12月に開催《かいさい》されるテニスの国際《こくさい》大会の総責任者《そうせきにんしゃ》、トーナメントディレクターをきみに任《まか》せたいと思う。引き受けてもらえるか?」

御子柴《みこしば》は少しだけ考える様子を見せたあと、校長の目をまっすぐに見つめ、はっきりと答えた。

「僕《ぼく》でよければ、ぜひやらせてください。よろしくお願いします」

「ありがとう。頼《たの》んだぞ!」

超異例《ちょういれい》の〝高校生トーナメントディレクター〟が誕生《たんじょう》した瞬間《しゅんかん》だった。

怒濤《どとう》の日々《ひび》

その後しばらくの間はふだん通りの日々《ひび》が過《す》ぎていったが、11月に入るころから格段《かくだん》に忙《いそが》しくなり始めた。

この時期は大学受験に加え、英語でプレゼンテーションを行う「世界高校生サミット」という校内のイベントも控《ひか》えていた。さらに、テニスの国際《こくさい》大会関連の会議も頻繁《ひんぱん》に開かれるようになった。御子柴《みこしば》は、これら3つの大仕事を同時に背負《しょ》い込《こ》むことになってしまったわけだ。

国際《こくさい》大会のトーナメントディレクターとして決めなければいけないことはいろいろあった。

選手たちのためにバナナや栄養ドリンクなどをどれくらい用意するべきか。

試合日が悪天候だった時に、どのように対処《たいしょ》するのか。

大会の主催者枠《しゅさいしゃわく》として出場させる選手を誰《だれ》にするか。

世界高校生サミット
2000年の九州・沖縄サミット（主要国首脳《しゅのう》会議）以降《いこう》、柳川《やながわ》高校国際《こくさい》科の主催《しゅさい》で開催《かいさい》されている、外務省《がいむしょう》公認応援《こうにんおうえん》イベント。毎年、生徒たちによってテーマに応《おう》じた研究成果が発表される。

中でも御子柴《みこしば》が一番頭を悩《なや》ませたのが、主催者枠《しゅさいしゃわく》の問題だった。テニスの国際《こくさい》大会には、自ら参加を申し込《こ》んでくる選手のほかに、大会の主催者《しゅさいしゃ》やスポンサーが選んだ選手が出場できる仕組みがある。どんな選手を何人くらい出場させるのか、それを決めるのもトーナメントディレクターの仕事なのだ。

選手のキャリアに関わることだから、適当《てきとう》に決めるわけにはいかない。御子柴《みこしば》はテニス部のOBに連絡《れんらく》するなどして人選を進め、本田監督《かんとく》らにも相談したうえで、柳川《やながわ》高校出身の2人の選手に出場を打診《だしん》。快《こころよ》くOKをもらえたことで、この問題は一段落《いちだんらく》ついた。

それでもやることは目白押《めじろお》しで、忙《いそが》しすぎる毎日に御子柴《みこしば》の表情《ひょうじょう》はおのずと暗くなりがちだった。

そんな御子柴《みこしば》の様子を心配そうに見つめていたのが、2年生のテニス部員、瀬倉《せくら》柊《しゅう》だ。2人はともにテニス部の寮《りょう》で生活しており、顔を合わせることも多い。キャプテンの姿《すがた》を見かけると、瀬倉《せくら》はよくこんなふうに声をかけた。

「御子柴《みこしば》さん、大丈夫《だいじょうぶ》ですか」

「まあ……なんとかやってるよ。大会前の今が一番大変な時期だと思うから、ここを乗り切りさえすれば大丈夫《だいじょうぶ》」

「そうですね！　僕《ぼく》らもサポートするんで、何か手伝えることがあったら何でも言ってください」

瀬倉《せくら》にとっての御子柴《みこしば》は、尊敬《そんけい》に値《あたい》する先輩《せんぱい》だった。何ごとにも手を抜《ぬ》くことなく全力で取り組む姿勢《しせい》には学ぶべきところが多いと感じていた。だからこそ、今の苦労がどうにか報《むく》われてほしかった。

同じように感じていたのは瀬倉《せくら》だけではない。多くのテニス部員が「忙《いそが》しいと思うけどがんばって」と気づかってくれたし、御子柴《みこしば》の口からこぼれる弱音や愚痴《ぐち》を、同期たちはうなずきながら受け止めてくれた。

重い荷物に押《お》しつぶされそうになりながら過《す》ごしていた日々《ひび》、そんな仲間たちの支《ささ》えが救《すく》いだった。

11月24日、最初のビッグイベントである世界高校生サミットの日。御子柴《みこしば》は英語の長文をしっかりと暗記し、堂々《どうどう》とプレゼンテーションをやりきった。

その直後に東京まで移動《いどう》して、大学入試を受験。面接《めんせつ》の冒頭《ぼうとう》で、御子柴《みこしば》は胸《むね》を張《は》ってこう自己紹介《じこしょうかい》した。

「今は高校でテニスの国際《こくさい》大会を開催《かいさい》できるよう、現役《げんえき》高校生のトーナメントディレクターとして準備《じゅんび》を進めています」

これには面接官《めんせつかん》も「高校生でトーナメントディレクター!?」とびっくり。それをきっかけに会話は大いに盛《も》り上がり、面接《めんせつ》試験であることを忘《わす》れてしまうほど、その場を楽しむことができた。

高校生だからできること

２つの山を乗り越《こ》えた御子柴《みこしば》は、柳川《やながわ》に戻《もど》ると、ようやく国際《こくさい》大会の準備《じゅんび》に集中することができるようになった。

この大会の運営《うんえい》に関わったスタッフは、国際《こくさい》テニス連盟《れんめい》の関係者なども含《ふく》め、全部で数百人。柳川《やながわ》高校からはテニス部の全部員が参加し、大会直前に審判講習《しんぱんこうしゅう》を受けたうえで線審《せんしん》を務《つと》めたほか、ボーラーや大会本部の受付係、ＳＮＳ担当《たんとう》などの役《やく》割《わり》を分担《ぶんたん》した。

また、国際科《こくさい》の生徒の一部も力を貸《か》してくれた。大会には日本人の選手だけでなく、中国や韓国《かんこく》、アメリカ、スイスなど9つの国と地域《ちいき》から73人もの選手がエントリーしており、英語を話せる国際《こくさい》科の生徒が通訳《つうやく》として必要だったのだ。

御子柴《みこしば》は、準備《じゅんび》を進めていくなかで、高校生によって運営《うんえい》されている大会だということを強みにしていこう、と考えるようになっていた。

国際科《こくさい》
柳川《やながわ》高校の学科の一つ。留学《りゅうがく》や英語中心のカリキュラムで、世界で活躍《かつやく》する人材を育成。

（高校生が運営《うんえい》していることを、どんどん外に発信していこう。もちろん未《み》熟《じゅく》な部分もあるだろうけど、それを取りつくろうのではなく、ありのままに出していこう。つたないながらも一生懸命《いっしょうけんめい》に挑戦《ちょうせん》していることが、この大会を見る人の心に少しでも伝わればいい。それは僕《ぼく》たち高校生にしかできないことだ）

また、大会の運営《うんえい》に携《たずさ》わる高校生スタッフやサポート役の指導者《しどうしゃ》らから、自然と出てくるようになったのが「選手ファースト」という言葉だ。

大会の主役はあくまでも選手。選手たちが気持ちよく参加できて、試合に集中してのぞめる環境《かんきょう》を作りだすことに全力を尽《つ》くそう——。

そんな思いを共有しながら、大会に向けた準備《じゅんび》は進められた。

国際《こくさい》大会の会場の設営《せつえい》がスタートした12月13日。午前中、御子柴《みこしば》はそわそわしていた。11月に受験した大学の合格《ごうかく》発表が、その日の正午に行われることになっていたからだ。

時計の針《はり》が昼の12時を指すと同時に、御子柴《みこしば》はテニスコートを抜《ぬ》け出して職員室《しょくいんしつ》に向かった。そして、担任《たんにん》の先生と一緒《いっしょ》にパソコンの画面をのぞき込《こ》んだ。

結果は——合格《ごうかく》だ！

担任《たんにん》の先生と喜《よろこ》び合っていると、ちょうど真後ろの席に座《すわ》っていた本田監督《かんとく》も「御子柴《みこしば》、よかったな！」と笑顔《えがお》で声をかけ、喜《よろこ》びの輪に加わった。

そうして、ついに国際《こくさい》大会の開幕日《かいまくび》である12月18日がやってきた。テニスコートに隣接《りんせつ》する寮《りょう》の1階に、たくさんのテーブルが並《なら》べられ、大会本部が設《もう》けられた。テーブルの1つには、大きな貼《は》り紙が出されていた。そこにはバナナのイラストとともに「Banana to Win!」の文字。これは「勝利の源《みなもと》、バナナをどうぞ！」という意味で、選手を元気づけたい思いを込《こ》めた。実は大会前、柳川《やながわ》テニス部OBで、世界的なプロテニス選手として活躍《かつやく》した松岡修造《まつおかしゅうぞう》さんと話す機会があり、その時にアドバイスをもらっていたのだ。

「ただバナナを置いておくのではなく、選手の力が湧《わ》くようなメッセージも掲《かか》げておくと、きっと喜《よろこ》んでもらえるはずだよ」

大会のモットーである「選手ファースト」の考え方にもぴったりのアドバイス。

松岡修造《まつおかしゅうぞう》
元プロテニスプレイヤー。日本の男子で初めて世界ランキング100位の壁《かべ》を破《やぶ》った、さきがけ的存在《そんざい》。現在《げんざい》は、若手《わかて》の育成やスポーツ解説《かいせつ》など、幅広《はばひろ》い分野で活躍《かつやく》。

採用《さいよう》しない手はなかった。

そのほかにも、充実《じゅうじつ》した練習環境《かんきょう》を整えるために早朝からテニスコートを使えるようにしたり、校内にあるジムを開放したりと、選手の目線に立って「あるとうれしいもの」をできる限《かぎ》り用意した。

やがて、世界各国から集まった選手たちが続々《ぞくぞく》と会場入りしてきた。御子柴《みこしば》は「いよいよ始まるぞ」とワクワクした気持ちになっていた。

その一方で、不安材料となっていたのが天候だ。初日から、空には低い雲が垂《た》れ込《こ》めていた。大会で使用される5面のテニスコートはすべて屋外。雨が降《ふ》ると表面が濡《ぬ》れてしまい、試合ができなくなってしまう。

実際《じっさい》に時々《ときどき》雨粒《あまつぶ》が落ちてきたものの、1日目に予定されていた試合はなんとか消化することができた。

問題は2日目だった。この日も天候はすぐれず、気温も低かったため、12月の柳《やな》川《がわ》ではめったに降《ふ》らない雪まで降《ふ》り始めた。予定されていた24試合のうち実施《じっし》できたのは8試合だけで、残りの16試合が翌日以降《よくじついこう》に延期《えんき》となってしまった。

12月18日（月曜日）に始まった大会1週目は、24日（日曜日）までに終えることになっており、いっきに16試合も延期《えんき》になったのはなかなかのピンチだった。

だが、トーナメントディレクターの御子柴《みこしば》はこれをチャンスと見た。

（試合がなくなって時間ができた。高校生らしいことをやってみるなら今だ！）

御子柴《みこしば》の発案で、急遽《きゅうきょ》、選手への直撃《ちょくげき》インタビューが行われることに。もちろんプロの記者みたいに上手《じょうず》にはできないけれど、高校生らしい素朴《そぼく》な質問《しつもん》をぶつけてみることで、選手の素顔《すがお》を引き出そうと試みた。

担当《たんとう》のスタッフが、練習の合間の選手に声をかけてみる。迷惑《めいわく》がられるのでは、とちょっと心配だったが、選手たちはみんな快《こころよ》くインタビューを受けてくれた。

――柳川《やながわ》高校での大会に参加してみて、どう感じていますか？

「高校生が運営《うんえい》しているのは驚《おどろ》きです。雪が降《ふ》るほどの寒さですが、控室《ひかえしつ》に暖房《だんぼう》器具を用意してくれたり、選手のことをいろいろと考えて工夫《くふう》してくれているので、そこには本当に感謝《かんしゃ》しています！」

――次の試合に向けての意気込《いきご》みを教えてください。

「絶対《ぜったい》に勝ちます！」

このような感じで行われた直撃《ちょくげき》インタビューの様子はスマホで動画に撮《と》り、あらかじめアカウントを開設《かいせつ》しておいたインスタグラムに投稿《とうこう》。また、大会スポンサーの商品を紹介《しょうかい》したり、大会の裏側《うらがわ》を紹介《しょうかい》したりと、この日は機転をきかせながら広報《こうほう》活動に力を入れた。

ただやはり、試合をちゃんと消化できるのか、という点は気がかりだった。重たげな雲に覆《おお》われた冬空を見上げつつ、御子柴《みこしば》は内心、焦《あせ》っていた。

（まずいな……。とにかく早く天気が回復《かいふく》してくれないと）

そんな願いもむなしく、雨と雪は夜になっても降《ふ》りやまなかった。

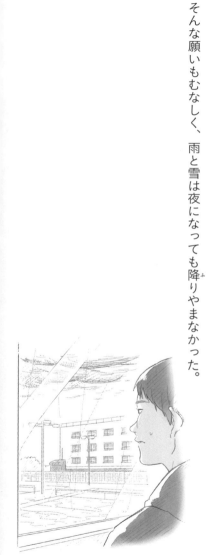

すぐに行動するしかない

大会3日目の早朝5時――。

スマホのアラームで目を覚ました御子柴《みこしば》は、真っ先に窓《まど》から外の様子を確認《かくにん》した。雨はまだ降《ふ》り続けていた。

身支度《みじたく》を整えながら、スマホで天気予報《よほう》をチェックする。朝6時くらいには、いったん雨が上がりそうだ。

（よし！　こうなったら、すぐに行動するしかない）

部屋を出て寮《りょう》の1階の大会本部に降《お》りると、あとを追うように1人の部員が姿《すがた》を現《あらわ》した。2年生の瀬倉《せくら》だ。

瀬倉《せくら》は、大会の期間中、できる限《かぎ》り御子柴《みこしば》の動きについて回り、トーナメントディレクターの仕事を学んでいた。瀬倉《せくら》自身が「スポーツの大会がどのように運営《うんえい》されているのか、その裏側《うらがわ》を知りたい」という興味《きょうみ》をもっていたし、柳川《やながわ》高校としても御子柴《みこしば》の〝後継者《こうけいしゃ》〟を育てておきたいという思いがあった。この国際《こくさい》大会を一年限《かぎ》りのイベントにするのではなく、次の年以降《いこう》も継続《けいぞく》して開催《かいさい》したいと考えていたからだ。

眠《ねむ》たそうな顔で階段《かいだん》を降《お》りてきた瀬倉《せくら》に、御子柴《みこしば》は言った。

「おはよう。さっき天気予報《よほう》を見たら6時には雨がやみそうなんだ。昨日の遅《おく》れを取り戻《もど》すために、すぐにでもコートの水はけを始めようと思う」

トーナメントディレクターの責任感《せきにんかん》に触《ふ》れ、瀬倉《せくら》の眠気《ねむけ》はいっきに吹《ふ》き飛んだ。

「わかりました。そうしましょう！」

瀬倉《せくら》はそう言うと、テニスコートのほうへと駆《か》けていった。

御子柴《みこしば》は、寮《りょう》の部屋を一つひとつ回り、部員たちを起こしていくことにした。通《つう》常《じょう》、テニス部員は朝7時半に点呼《てんこ》、そのあとに朝食をとることになっているが、それまで待っているわけにはいかなかった。

「朝早いところ本当に申し訳《わけ》ないんだけど、コートの水はけを手伝ってほしい」

まだ寝《ね》ている部員たちを起こしては、その背中《せなか》を押《お》すようにして次々《つぎつぎ》とテニスコートに送り込《こ》んでいった。全員を起こし終えると、御子柴《みこしば》もテニスコートに出て、タオルなどを使ってコート表面の水気をふき取る作業に汗《あせ》を流した。

早朝から始めた作業のかいもあり、テニスコートは試合で使える状態《じょうたい》になった。その後の天候もしだいに回復《かいふく》したことで、スケジュールの遅《おく》れは徐々《じょじょ》に解消《かいしょう》し、当初の予定通り12月24日に決勝戦を行うことができた。

想《おも》いを引き継《つ》ぐ

大会の期間中、御子柴《みこしば》のそばにいることが多かった瀬倉《せくら》は、ある夜のことをよく覚えている。

大会本部が置かれていた寮《りょう》の1階には、もう誰《だれ》も残っていない。静かな空間に御《み》子柴《こしば》と瀬倉《せくら》の2人だけがいて、その日のことを振《ふ》り返りながら、ジュースを片手《かたて》に雑談《ざつだん》を交《か》わした。

そんな時、御子柴《みこしば》は何度か深いため息をついた。

国際《こくさい》大会はおおむね順調に進んでいたが、雨による遅《おく》れの影響《えいきょう》で、現場《げんば》ではいくつかのトラブルも起きていたのだ。

その1つが、選手からのクレームだ。

参加選手の宿舎《しゅくしゃ》となっているホテルと学校との間の移動《いどう》は、シャトルバスで行われていた。だが、試合が終わるのが遅《おそ》くなり、そのバスに間に合わなかった選手がいたため、急遽《きゅうきょ》、学校の職員《しょくいん》が車で送っていくことになった。

代わりの車が用意されるのを待っていた時、突然《とつぜん》、トゲのある声が大会本部に響《ひび》きわたった。

「おい。何でバスがないんだよ」

バスに間に合わなかった選手が、怒《おこ》った様子で立っていた。

張《は》りつめた空気が流れるなか、トーナメントディレクターの御子柴《みこしば》が前に出る。

丁寧《ていねい》な口調で、こう伝えた。

「お疲《つか》れのところ、申し訳《わけ》ありません。今日の最後の便はもう出てしまったのですが、代わりの車を手配しておりますので」

「ったく……早くしてくれよ！」

「すぐに来ますので、もう少々《しょうしょう》お待ちください」

頭を下げ、選手をなだめつつ、御子柴《みこしば》はなんとかその場を丸くおさめたのだった。

一日の仕事を終えた夜に出てくるため息の重みは、瀬倉《せくら》にもずっしりと伝わってきた。トーナメントディレクターという役割《やくわり》を担《にな》うことがどんなに大変なことなのかを、御子柴《みこしば》が教えてくれているような気がした。

重たい空気を振《ふ》り払《はら》うように、瀬倉《せくら》は努めて明るい口調で言った。

「御子柴《みこしば》さん、今日もお疲《つか》れさまでした。明日もがんばりましょう！」

そんなふうに元気づけようとしてくれる瀬倉《せくら》に、御子柴《みこしば》がほほ笑《え》みながら返す。

「来年はお前がやるんだろうな」

「そうっすかね……」

「そのつもりでいたほうがいいよ。じゃあ……そろそろ寝《ね》るか！」

そんな言葉を合図にして、それぞれの部屋へと戻《もど》っていった。


12月25日から始まった2週目の大会は、最後の最後に大きな試練が待っていた。

大会最終日は、大みそかの12月31日。決勝戦の1試合を残すのみとなっていたが、その前夜に再《ふたた》び大雨が降《ふ》ったのだ。

試合で使用するテニスコートにはブルーシートを敷《し》いて、濡《ぬ》れないように対策《たいさく》しておいたが、雨の勢《いきお》いは想定以上だった。シートのすき間から雨が入り、朝になってみると、テニスコート上は一面の水たまりになっていた。

その光景に、御子柴《みこしば》は言葉を失った。

（うわ、ひどい状態《じょうたい》だな……）

決勝戦に進出した2人の選手はともに海外勢《かいがいぜい》で、試合を終えたら空港に向かい、飛行機で移動《いどう》することになっている。試合が遅《おそ》くなると、飛行機の時間に間に合わなくなってしまう可能性《かのうせい》がある。

御子柴《みこしば》はすぐに指示《しじ》を出し、スタッフ総出《そうで》で、吸水《きゅうすい》ローラーやタオルを使ってテニスコートにたまった水を取り除《のぞ》いていくことにした。だが、どうしても表面に湿《しめ》り気《け》が残ってしまい、試合ができる状態《じょうたい》まで乾《かわ》かすことができない。決勝戦の開始時間に遅《おく》れが出ることは避《さ》けられない状況《じょうきょう》となっていた。

そんな時、テニス部員の1人が「新聞紙を使ってみたらどうかな？」とつぶやいた。その声に敏感《びんかん》に反応《はんのう》したのは本田監督《かんとく》だ。

（なるほど……新聞紙か。たしかに効果《こうか》があるかもしれない）

そして、大きな声でこう叫《さけ》んだ。

「誰《だれ》か、寮《りょう》から新聞紙を持ってきてくれ！　足りなかったら、学校に行って、ありったけの新聞紙をもらってくるんだ！」

そうして持ち込《こ》まれた新聞紙を広げ、湿《しめ》ったコートに押《お》しつけてみる。すると、タオルでは取り切れなかった湿《しめ》り気が、おもしろいように新聞紙に吸《す》い取られていくではないか。

「すごい！」

「これならいけるかも！」

テニスコートのあちこちから声があがる。そのころには太陽も顔を出し始めて、朝には水たまりと化していたテニスコートがみるみる乾《かわ》いていった。

新聞紙を敷《し》いて、その上で足踏《あしぶ》みする高校生たち。その様子を見ていた国際《こくさい》テニス連盟《れんめい》の関係者やカメラマンたちは驚《おどろ》き、口々《くちぐち》にこんなことを言い合った。

「こんなやり方があったとはねえ。これまでいろいろな大会を見てきましたけど、新聞紙でコートの水気を吸《す》い取るなんて初めて見ましたよ」

「これぞ〝柳川《やながわ》スタイル〟ですね！」

常識《じょうしき》にとらわれない柔《やわ》らかな発想力。すぐにトライしてみる行動力。そして、みんなの力を合わせて取り組むチームワーク。御子柴《みこしば》ら大会運営《うんえい》スタッフが目指してきた「高校生らしい大会」が、ここでもみごとに体現《たいげん》された。

結局、決勝戦の遅《おく》れは1時間ほどにとどめることができた。2週間にわたって行われてきた170試合の最後の一戦。テニス部員たちは線審《せんしん》やボーラーを務《つと》めつつ、レベルの高い真剣勝負《しんけんしょうぶ》に間近で触《ふ》れた。

そして試合が終わると、表彰式《ひょうしょうしき》が行われ、柳川《やながわ》高校で初めて開催《かいさい》された国際《こくさい》大会はすべての行程《こうてい》を終えたのだった。

11月以降《いこう》、怒濤《どとう》の毎日を送ってきた御子柴《みこしば》は、達成感に包まれていた。

（大学受験に世界高校生サミット、そして国際《こくさい》大会……。一時はどうなるかと思ったけど、最終的に、そのすべてをいい形で締《し》めくくることができた。我《われ》ながら本当によくがんばったな）

大きな自信を手にした御子柴《みこしば》は、胸《むね》を張《は》って2023年の終わりを迎《むか》えた。2024年の春からは大学生になって、テニスを続けながら、スポーツと医療《いりょう》のあり方について学んでいく。

同じく２０２４年、柳川《やながわ》高校では２度目となる国際《こくさい》大会が10月に開催《かいさい》されることになった。２代目の〝高校生トーナメントディレクター〟に就任《しゅうにん》したのは、もちろん瀬倉《せくら》だ。

先輩《せんぱい》の想《おも》いを引き継《つ》ぎ、より良い大会にしようと準備《じゅんび》を進めている。

「選手ファーストという基本方針《きほんほうしん》は変えることなく、それに加えて去年以上に高校生らしさを打ち出した大会にしたいんです。具体的にどうすればいいのかは、まだ自分でもわからないんですけど……」

瀬倉《せくら》はそう言って頭をかいた。

でも、きっと心配は要《い》らない。御子柴《みこしば》の背中《せなか》を見てきた瀬倉《せくら》なら、必ずや成《な》し遂《と》げられるはずだ。

（文／日比野恭三）

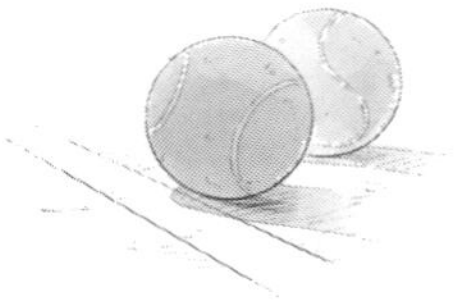

２度目となる国際《こくさい》大会
２０２４年10月末から11月にかけて、柳川《やながわ》高等学校×橋本総業《はしもとそうぎょう》国《こく》際《さい》男子オープンテニス開催《かいさい》。

STORY. 2

いつも隣《となり》にいてくれた

大阪《おおさか》薫英《くんえい》女学院《じょがくいん》高等学校 バスケットボール部

大阪府摂津《せっつ》市

熊谷のどか　Kumagai Nodoka

思考派《しこうは》のガード。
七海《ななみ》を支《ささ》えるチームキャプテン。

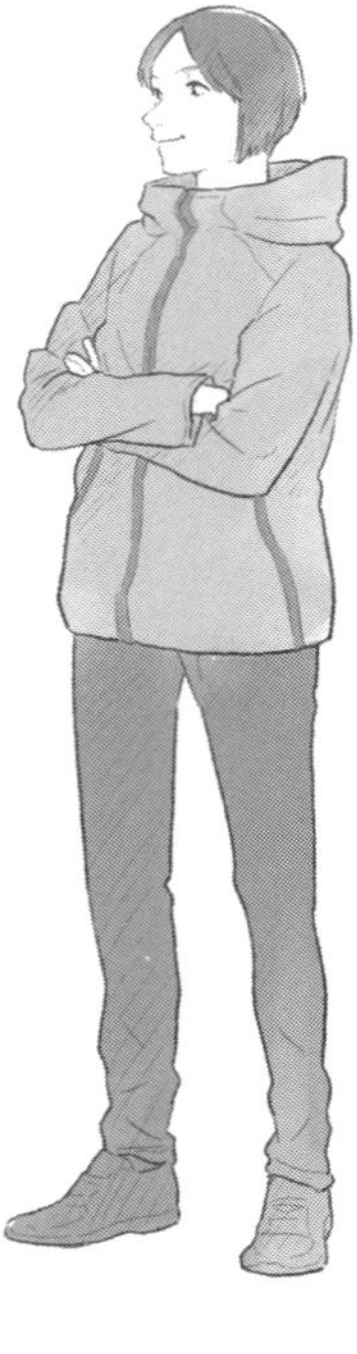

安藤香織　Ando Kaori

日本一を目指すバスケ部の監督《かんとく》。

都野七海　Tsuno Nanami

感覚派《かんかくは》のガード。
点取り屋。2年生からキャプテン。

同じくらいの身長のガード

バスケは、もういいかもしれない。

それが中学バスケ部を引退《いんたい》した直後の、熊谷《くまがい》のどかの率直《そっちょく》な気持ちだった。

身長が低い。足が遅《おそ》い。ジャンプ力もない。全中で3位という成績《せいせき》を出したが、自分が活躍《かつやく》できたのも結果が出たのもチームメートたちのおかげだと思っていた。

何より、この大会で全国のすごい選手をたくさん見て、自分が高校やその先のカテゴリーのトップで活躍《かつやく》するのは難《むずか》しいと思い知らされた。

バスケ漬《づ》けはここまでにして、高校では勉強や学校生活を楽しんでもいいな。

そんなのどかの思いに「待った」をかける選択肢《せんたくし》が、1つだけあった。

中学2年生の年明け、のどかは12月に行われたウインターカップの映像《えいぞう》を見ていて、決勝を戦う大阪薫英女学院《おおさかくんえいじょがくいん》高校に心を奪《うば》われた。

対戦相手の岐阜女子高校には190㎝近い身長の留学生《りゅうがくせい》がいて、オフェンスでも

ガード
チームに指示《しじ》を出して得点《とくてん》のチャンスを作る役割《やくわり》。コートの司令塔《しれいとう》とも呼《よ》ばれ、冷静な判断《はんだん》が求められる。

全中
全国中学校体育大会。中学教育の一環《いっかん》として行われるスポーツ大会。夏季大会と冬季大会があり、夏季（8月）はバスケットボールを含《ふく》む16競技《きょうぎ》が行われる。

ウインターカップ
全国高等学校バスケットボール選手権《せんしゅけん》大会。年末に行われ、高校生活のしめくくりとなる大会。

オフェンス
得点《とくてん》を入れにいくこと。攻撃《こうげき》。

ディフェンスでも大きな優位性《ゆういせい》を発揮《はっき》していた。留学生《りゅうがくせい》のいない薫英《くんえい》はこの選手に苦戦し序盤《じょばん》からリードを奪《うば》われていたが、コートに立つ選手たちの瞳《ひとみ》の中の炎《ほのお》はまったく揺《ゆ》らぐことなく、最後まで力強く戦い続けた。

このチームは気持ちで戦っている。こんなチームでバスケをしてみたい。

そう思うチームに出会ったのは初めてだった。

バスケを続けるなら薫英《くんえい》に行く。薫英《くんえい》に行けないのならバスケは続けない。顧問《こもん》の先生と進路の話になると、のどかは常《つね》にそう言って譲《ゆず》らなかった。

先生はある日、少し言いにくそうに切り出した。

「実はな、薫英《くんえい》はのんちゃんと同じくらいの身長のガードを誘《さそ》っとるみたいで、もしかしたらなかなか試合に出られないかもしれんで。それでもいいんか？」

へえ、そうなんだ、と思いつつ、のどかはきょとんとした。どのチームに行っても、誰《だれ》がいてもいなくても、うちが試合に出るのが簡単《かんたん》じゃないのは一緒《いっしょ》なのに、なんで先生は心配してるんだろう。

ただ、薫英《くんえい》でバスケがしたかった。あのかっこよくてさわやかなチームで、自分

ディフェンス
相手が点を入れるのを防《ふせ》ぐこと。守り。

がどう変わっていくかが知りたかった。

だからのどかは強くうなずき、「大丈夫《だいじょうぶ》です」と言った。

「同じくらいの身長のガード」とは、入試の前日に会った。

体育館で監督《かんとく》の安藤香織《あんどうかおり》先生にあいさつをすると、先生は端《はし》っこのほうでドリブルをしている小柄《こがら》な選手を招《まね》き寄《よ》せた。

「山口の桜田《さくらだ》中から来た都野七海《つのななみ》です」

クールな口調で自己紹介《じこしょうかい》した、物静かそうなその顔には見覚えがあった。中学2年生の時に愛知選抜《せんばつ》の練習試合で対戦した、山口選抜《せんばつ》のキャプテン。監督《かんとく》から何度も「4番を止めろ」と言われた、今まで見たことがないようななめらかなドリブルをしていた選手だ。

「ジュニアオールスターの練習試合でやったことがあるよな？」

そう言うと、七海《ななみ》はぱっと表情《ひょうじょう》を変えた。

「あ〜、愛知の子じゃろ？」

4番
バスケットボールで、キャプテンがつけることの多い背番号《せばんごう》。

ジュニアオールスター
2019年まで行われていた、都道府県対抗《たいこう》ジュニアバスケットボール大会のこと。現在《げんざい》は、全国U15バスケットボール選手権《せんしゅけん》大会（通称《つうしょう》Jr.ウインターカップ）へと引き継《つ》がれている。

「うん、そう。うちは熊谷《くまがい》のどか。名古屋の長良《ながら》中出身です」

「うわ、全中3位。うちらは決勝トーナメント初戦負け」

「いやいや、うち自身は全然大したことなくて。……あの、身長って何センチ？」

「155」

「あ、一緒《いっしょ》だ」

たわいもないやりとりの後、2人は高校生たちの練習に交ぜてもらった。

久《ひさ》しぶりに間近で見た七海《ななみ》のプレーはすごかった。何人ものディフェンスが待ち構《かま》えているゴール下にドリブルでするすると入り込《こ》み、巧《たく》みにかわしてシュートを放つ。同い年、同じ身長の選手のプレーとは思えなかった。

のどかは素直《すなお》に「うまいな」と感心し、これは心配されるわけだと冷静に思った。

練習が終わると先輩《せんぱい》に寮《りょう》に案内され、2人は一晩《ひとばん》同じ部屋で過《す》ごした。試験勉強をしたり、セルフィーを撮《と》ったり、バスケのことや家族のことを話しているうちに、2人はすっかり意気投合した。

のどかの決心

新型《しんがた》コロナウイルスの緊急事態宣言《きんきゅうじたいせんげん》を受け、新1年生は6月中旬《ちゅうじゅん》に入学式を行った。府総体《ふそうたい》も夏のインターハイも中止という状況《じょうきょう》で、のどかはまず戦術《せんじゅつ》を頭と体に叩《たた》き込《こ》むところから薫英《くんえい》バスケ部としての1歩目をスタートした。

薫英《くんえい》のバスケは、緻密《ちみつ》なルールやフォーメーションに、選手個々《ここ》の自由なアイディアを加えるスタイル。細かいものも含《ふく》めると50種類以上あるフォーメーションの動き方やポイントを1つひとつノートに書き、覚え、練習で実践《じっせん》していった。バスケを始めたころから、身長や能力《のうりょく》のなさを「考えること」で補《おぎな》ってきたのどかにとって、その作業はそれほど難《むずか》しいことではなかった。

七海《ななみ》は同じ山口出身の河村勇輝《かわむらゆうき》にあやかって「キラ（輝）」というニックネームを与《あた》えられ、夏の練習試合から先発ガードとして起用されるようになった。のどかはベンチ入りはしていたが、試合に出られる時間は多くなかった。

府総体《ふそうたい》
大阪府総合《そうごう》体育大会。インターハイの予選的な位置づけ。

インターハイ
全国高等学校総合《そうごう》体育大会。毎年7月から8月に開催《かいさい》される高校スポーツの祭典。高校総《そう》体《たい》とも。

フォーメーション
攻撃《こうげき》または守備《しゅび》で、選手の位置や動きなどを決めて戦うこと。

河村勇輝《かわむらゆうき》
日本のバスケットボール選手。ポイントガード。小柄《こがら》ながらスピードを生かしたプレーで高校生の時からプロリーグに参加。２０２４年秋よりアメリカNBAに挑戦《ちょうせん》。

試合に出られなくてもいい。進路を決める時にはそう思っていたが、実際《じっさい》入ると同じ気持ちではいられなかった。のどかはもともと大がつく負けず嫌《ぎら》いで、中学のチームメートにはよく「バスケになると性格《せいかく》が悪くなる」と笑われていた。

ある日、思い切って安藤《あんどう》先生に聞いてみた。

「どうやったら私《わたし》はスタメンになれますか？」

先生は「せやなあ」と少し考えた後、「キラとは違《ちが》う武器《ぶき》を作らなあかんやろな」と言った。

もちろん試合に出たい。でも現実問題《げんじつもんだい》、今は七海《ななみ》と上級生ガードがいるチームでそのチャンスは少ない。

そして、９月には初めての公式戦となるウインターカップ府予選が待っている。

今の目標は、チームを日本一にさせること。

そのためにできることをやらなきゃ。

のどかは安藤《あんどう》先生の言う「キラとは違《ちが》う武器《ぶき》」を、３ポイントシュートとゲームメイクと考えた。日課としていた朝晩《あさばん》の自主練では、３ポイント１００本成功を最

スタメン
試合に、最初から出る選手。スターティングメンバー。

ゲームメイク
チームの中心となり、勝つために攻撃《こうげき》を組み立てること。

低ノルマとし、空き時間は試合のビデオを手当たり次第《しだい》に見た。試合中はコートに立つ選手たちに声をかけながら「もし自分だったらどんなプレーを選択《せんたく》するだろう」と必死に考えた。

薫英《くんえい》は大阪府予選で順当に優勝《ゆうしょう》を飾《かざ》り、12月のウインターカップに出場した。そして七海《ななみ》は鮮烈《せんれつ》な全国デビューを飾《かざ》った。

2回戦の白鷗大学足利《はくおうだいがくあしかが》高校戦ではチーム一番の24得点《とくてん》。3回戦の桜花学園《おうかがくえん》高校戦は大差で負けたが、やはりチーム一の得点《とくてん》を挙げた。

小さな1年生が繰《く》り出す多彩《たさい》なシュートに多くの人が驚《おどろ》かされ、試合後にはたくさんの報道陣《ほうどうじん》が七海《ななみ》を取り囲《かこ》んだ。のどかはこれまでと変わらず主力メンバーのサポートを行い、ベンチから声を出し、勝敗が決したあとの数分間、試合に出た。

次の代で、七海《ななみ》は2年生ながらキャプテンになる。そして、チームリーダー、ゲームリーダー、点取り屋、3つの役割《やくわり》を1人で背負《せお》うことになる。

キラの負担《ふたん》を減《へ》らしたい。キラを支《ささ》えたい。

のどかの胸《むね》の中に、新しい目標が芽生えていた。

七海《なな み》のとまどい

うちはどうしたらええんじゃろう。

七海《なな み》は答えを出せずにいた。

小学生の時からずっと、地元の高校に行くことしか考えていなかった。全国でも有名な薫英《くんえい》から誘《さそ》いが来るなんて思ってもみなかった。

返事をできずにいたら、監督《かんとく》の安藤《あんどう》先生がわざわざ学校までやってきた。8月の山口国体と薫英《くんえい》の練習試合で七海《なな み》のプレーを評価《ひょうか》してくれたこと。先生はもともと大阪の公立高校で薫英《くんえい》を倒《たお》そうとがんばっていて、前の監督《かんとく》が亡《な》くなったときにその奥《おく》さんから「後を継《つ》いでほしい」とお願いされて薫英《くんえい》に移《うつ》ったこと。いろいろなことを話してくれた。

「私《わたし》もすごく悩《なや》んだで。でも、人生は1回きりしかないし、あとで絶対《ぜったい》に『行っておけばよかった』って悔《く》やむのは嫌《いや》やと思ったから決めたんや。都野《つの》さんの人生も一回きりや。新しい場所でチャレンジすることを考えてほしい」

大きな目をギラギラ輝《かがや》かせ、ハキハキした大阪弁《おおさかべん》で語りかける安藤《あんどう》先生に、七海《ななみ》はすぐに好感を持った。たくさんの日本代表選手を輩出《はいしゅつ》している薫英《くんえい》に行けば、小さなころから憧《あこが》れていた実業団《じつぎょうだん》選手になれるかもしれないと思ったし、高校で野球をやっていた4歳《さい》上のお兄ちゃんは「こんなチャンスは2度とないけえ、絶対《ぜったい》に行け」と何度も言った。

でも、「行きたい」とは言えなかった。

家族に経済的《けいざいてき》な負担《ふたん》がかかる。高校でもがんばろうと約束した仲間がいる。何より、5人の兄弟にかこまれたにぎやかな家族と生まれ育った街を離《はな》れて、大都会の強豪校《きょうごうこう》でプレーする自分がまったく想像《そうぞう》できなかった。

安藤《あんどう》先生が学校を訪《おとず》れてからずいぶん時間が経《た》った。

七海《ななみ》は両親と飼《か》い犬のキングと日課の散歩に出かけた。いつものように近所の公園でキングを遊ばせ、お父さんとのバスケの練習が終わっても、お母さんはベンチから立ち上がらなかった。

「七海《なみ》、ちぃと話そう」

……ああ、もう決めにゃいけんのか。

七海《なみ》はお母さんの横に座《すわ》った。

七海《なみ》が「行けない」とも「行きたい」とも言えない理由をわかっていたのだろう。

お母さんは真剣《しんけん》な顔で言った。

「行きさん」

「え？」

「薫英《くんえい》に行きさん。日本一を目指しちょる学校に入れることなんてめったにない。プラスになることしかないっちゃ」

七海《なみ》は言葉を返そうとした。でも喉《のど》の奥《おく》が震《ふる》えてなかなか声が出ない。

「……でも、通用せんかったら？　国体の遠征《えんせい》でやったとき、なんも通用せんかったで？　うちみたいなチビがあんな強いチームに行って……わざわざ大阪まで行って試合に出られんかったら……」

「七海《なみ》なら絶対大丈夫《ぜったいだいじょうぶ》っちゃ」

お父さんが言った。

「チビでも戦えるよう、毎日練習してきたじゃろ。お前の好きな河村勇輝《かわむらゆうき》もチビやけど高校優勝《ゆうしょう》チームのエースじゃ。家のことは心配せんでええ。七海《なみ》が挑戦《ちょうせん》する言うんじゃったら、お父さんもお母さんも全力で応援《おうえん》しちゃる」

「うん。七海《なみ》、がんばれ。姉ちゃんも兄ちゃんも、みんなで応援《おうえん》するけえ」

こらえていたものが一気に流れ出し、七海《なみ》は声をあげて泣いた。強そうな見た目に反して臆病《おくびょう》なキングが、心配するように体を寄《よ》せてきた。


大阪に出てきた当初はホームシックで泣いたこともあったが、七海《なみ》は思ったより早く新しい生活に慣《な》れていった。

バスケ部の寮《りょう》は、系列校《けいれつこう》の大阪人間科学大バスケ部を含《ふく》めた41人が生活を共にする。大人数での共同生活は大家族で育った七海《なみ》にとって楽しいものだったし、学校の友だちともすぐに打ち解《と》け、入学前から仲良くなったのどかとは毎日バスケの話をしていた。

ホームシック
家族や生まれ育った地から離《はな》れた時に感じる、それらを恋《こい》しく思う気持ち。

しかし、ウインターカップに向けた練習が本格的《ほんかくてき》になっていくにつれて、七海《ななみ》は悩《なや》んだ。薫英《くんえい》のバスケットスタイルがなかなか理解《りかい》できないのだ。

バスケは野球のように、一つひとつのプレーを監督《かんとく》から指示《しじ》されて動くスポーツではない。特に、選手個人《こじん》の能力《のうりょく》だけに頼《たよ》らない組織的《そしきてき》なプレーを展開《てんかい》する薫英《くんえい》は「こういう状況《じょうきょう》ではこう動く」というプレーのルールやオフェンスのフォーメーションがたくさんあった。そして薫英《くんえい》のガードは時間帯や得点差《とくてんさ》、ディフェンスのつき方などを判断《はんだん》した上でどのフォーメーションを使うか決め、それを指示《しじ》する役割《やくわり》を担《にな》っていた。

中学時代は、小学校からプレーしてきた仲間たちと目を合わせるだけで、なんとなくお互《たが》いのやりたいことがわかったし、フォーメーションもほとんどなかった。でも薫英《くんえい》で同じようにはいかない。特に、山ほどあるフォーメーションをどうやって使い分ければいいかがまったくわからない。とりあえず手当たり次第《しだい》に覚えているものを使ってみたけど当然うまくいかず、何度も安藤《あんどう》先生からプレーを止められ、先輩《せんぱい》からアドバイスを受けた。

うちのせいで練習の雰囲気《ふんいき》をぶち壊《こわ》して、士気《しき》を下げたらどうしよう……。

そう思えば思うほど、頭も体もこんがらがっていった。

ある日の練習試合の後、安藤《あんどう》先生は七海《ななみ》とのどかを呼《よ》んだ。

「キラ、このままやと公式戦には出せへんわ。これからもうちょっと練習するけど、あんたはもうええ。のんちゃんと2人でプレーのことをしっかり考えてみい」

「はい……」

最悪な気分で自転車に乗り、寮《りょう》に向かう。のどかはいつも通りの調子で「とりあえず、ミーティングルームで今日の試合を見よ？」と言った。

お互《たが》いの部屋に荷物を置き、筆記用具を持って1階のミーティングルームに集まった2人は、今日の練習試合のビデオを流した。のどかは1つひとつのオフェンスをスローモーションで再生《さいせい》したり、ストップしながら試合の状況《じょうきょう》を説明した。

「ここは今、ミスマッチだよね。こっちのプレーのほうがよかったと思う」

「今は双羽《ふたば》さん（佐藤双羽《さとうふたば》）のポストプレーより楽子《らくこ》さん（宮城楽子《みやしろらくこ》）のドライブのほうが流れを変えられると思う。楽子さんにボールを渡《わた》す回数を増《ふ》やしたり、点

ポストプレー
ゴールに近い位置で味方からボールをもらい、シュートを狙《ねら》う戦術《せんじゅつ》。ゴールに背《せ》を向けた状態《じょうたい》ではじめることが多い。

ドライブ
ドリブルでディフェンスを抜《ぬ》いて、ゴールに向かう戦術《せんじゅつ》。

が取りやすいフォーメーションを入れてもよかったんじゃないかな」

のどかはあまり試合には出ていなかったが、ゲームの状況《じょうきょう》をよく把握《はあく》していて、ベンチからいつも適切《てきせつ》なアドバイスをしてくれた。練習でも、大きな判断《はんだん》ミスで先生に叱《しか》られる回数は多くない。

さすが全国3位になったガードじゃ。そう思いながら七海《ななみ》はノートにプレーをまとめていった。

チームのミーティングと夕食をはさみ、2人は作業を再開《さいかい》させた。最初はテレビの前のローテーブルを使っていたが、腰《こし》が痛《いた》くなってきたので床《ゆか》にねそべった。

プレーの理解《りかい》と夜が深まるにつれて、七海《ななみ》も自分の意見を提案《ていあん》できるようになった。今まで思いつきもしなかった……もしかしたら先生も気づいていないかもしれないプレーの引き出しを2人で探《さが》しあてるのに夢中《むちゅう》で、時間を忘《わす》れていた。

「……おーい、大丈夫《だいじょうぶ》か？　起きい」

誰《だれ》かに肩《かた》を揺《ゆ》さぶられた。重いまぶたをこすると先輩《せんぱい》の顔がぼやっと現《あらわ》れた。

窓《まど》の外が、少し明るい。

視線《しせん》を移《うつ》すと、しょぼついた顔ののどかが見えた。

この夜を境《さかい》に、七海《ななみ》の思考はしっかり整理された。今どの場所にチャンスがあるのか。この状況《じょうきょう》ならどのコールを出せばいいか。これまでが嘘《うそ》のようにいろんなことがわかった。その力はウインターカップでも生かされ、七海《ななみ》は高校初めての全国大会を思い切り楽しんだ。

「キラ、今は左サイドが狙《ねら》い目だよ」

「いい流れだよ。このままテンポの速いバスケをやっていこう！」

タイムアウトや交代でベンチに戻《もど》るたび、のどかが声をかけてくれる。

うちはいつも、のどかに助けられちょるな。

のどかが自分の隣《となり》にいてくれている幸運に七海《ななみ》は感謝《かんしゃ》した。

のどかと七海《ななみ》

2年生になり、のどかは七海《ななみ》の控《ひか》えとして少しずつプレータイムを得《え》るようになった。そして、七海《ななみ》と自分の実力差をわかりやすい形で実感するようになった。自分が七海《ななみ》と交代すると、リードがどんどん消えていく。

試合の状況《じょうきょう》と流れを読み、コールを出し、チームで作ったチャンスを得点《とくてん》につなげる。自分の強みはそれなりに生かせているという自信があった。でも、それがうまくいかないと途端《とたん》に点が取れなくなる。七海《ななみ》はそういう時に自分の1対1で点をもぎ取れるが、のどかはできない。点差を詰《つ》められ、再《ふたた》び七海《ななみ》と交代するたびに、のどかは七海《ななみ》の負担《ふたん》を増《ふ》やしている自分に腹《はら》を立てた。

3ポイントだけじゃ足りない。自分で点を取り切れる力を身につけないと。

のどかは練習中も試合中もこれまで以上に、七海《ななみ》の得点《とくてん》の取り方をよく見るようになった。なめらかなドリブルと独特《どくとく》のステップでディフェンスをかわす技術《ぎじゅつ》はと

1対1
オフェンス（攻撃《こうげき》）とディフェンス（守備《しゅび》）が1対1で争うこと。

てもマネできそうになかったが、ゴール下のシュートはマネできると思った。七海《ななみ》は「フローター」という必殺技《ひっさつわざ》を持っていた。腕《うで》と手首を柔《やわ》らかく使ってボールを高く浮《う》かせることで、ディフェンスのタイミングをずらしたり、大きな選手のブロックを防《ふせ》げるシュート。女子で打つ選手はあまり多くなく、薫英《くんえい》でもその難《むずか》しさからあまり推奨《すいしょう》されていなかったが、高い決定率《けっていりつ》を誇《ほこ》る七海《ななみ》は別だった。七海《ななみ》はこのシュートに誰《だれ》よりもプライドと責任《せきにん》を持ち、練習や試合で成功率《せいこうりつ》が上がらなければ自主練習で何度も何度も、「まだやるの？」と思うくらいのシュートを打ち込《こ》んだ。その妥協《だきょう》を許《ゆる》さない姿勢《しせい》に、のどかは「うちもがんばらなきゃ」と気持ちを奮《ふる》い立たされ、自分もそれを身につけようと練習を重ねた。

のどかの気持ちに拍車《はくしゃ》をかけたのは、6月末の近畿《きんき》大会だった。薫英《くんえい》は決勝で長身留学生《りゅうがくせい》のいる京都精華学園《きょうとせいかがくえん》高校に79―85で敗れ、近畿《きんき》大会の連勝記録が12でストップした。記録が途絶《とだ》えてしまったこと、感染症対策《かんせんしょうたいさく》で会場に来られなかったベンチ外の部員をがっかりさせてしまったことにメンバー全員が激《はげ》しく落ち込《こ》み、学校に帰ると部室の向かいにあるダンスレッスン場でみんなで泣いた。

のどかはこの試合、チーム最多の5本の3ポイントシュートを沈《しず》めた。しかし試合終盤《しゅうばん》の重要な場面ではそれを決めきれず、チームを勝たせられなかったことに責任《せきにん》を感じていた。

うちは先輩《せんぱい》がお膳立《ぜんだ》てしてくれたシュートを打っただけ。自分では何もしていない。もっともっと変わらないと。

自分でチームに風を起こせる選手。それがのどかの次なる目標になった。

安藤《あんどう》先生は悩《なや》んでいた。

薫英《くんえい》には、全国の強豪校《きょうごうこう》には必ずと言っていいほどいる180cmを超《こ》えるセンターがいない。加えて、158cmの七海《ななみ》を得点源《とくてんげん》として長くコートに立たせる以上、ディフェンスの不利をカバーするために他の選手たちのサイズを少しでも上げるのがセオリーだ。身長のある選手の組み合わせをかわるがわる試してみたが、どうしてもしっくり来ないのだ。

『どうやったら私《わたし》はスタメンになれますか?』

よく通る高い声が脳裏《のうり》に響《ひび》く。

のどかの、真面目《まじめ》にバスケットに向き合う姿勢《しせい》を先生は高く評価《ひょうか》していた。小さい体でいつでも全力でプレーし、試合の状況《じょうきょう》をよく把握《はあく》し、七海《ななみ》のゲーム観を一晩《ひとばん》でガラッと変えさせた。アドバイスをしてからは少しずつ3ポイントシュートの成《せい》功率《こうりつ》を上げ、スタメン組と控《ひか》え組でゲームをさせれば、勝負どころのシュートを沈《しず》めて何度もスタメンを負かした。

練習態度《たいど》も生活態度《たいど》も非《ひ》の打ちどころがない。部員全員に提出《ていしゅつ》させている部活ノートには、その日の練習で得《え》た気づきをていねいな字でびっしり書き連ねている。ただ、七海《ななみ》を差し置いてスタメンになるほどの実力は持っていない。

ある日の部活ノートに、のどかはこう書いていた。

『福岡第一は河村《かわむら》選手と小川麻斗《あさと》選手、2人の小さいガードをスタメン起用してインターハイとウインターカップで優勝《ゆうしょう》した。私《わたし》が点を取れるようになったら、先生は絶対《ぜったい》にキラと私《わたし》をスタメンに使ってくださると信じている』

確《たし》かに、ガードを2人同時に起用する「2ガード」という戦術《せんじゅつ》は存在《そんざい》する。だけ

小川麻斗《あさと》
日本のプロバスケットボール選手。大学の時からプロリーグに参加している。

ど薫英《くんえい》は福岡第一と違《ちが》って、小柄《こがら》なガード2人をカバーする大型《おおがた》フォワードも、大きなアドバンテージを生む留学生《りゅうがくせい》のセンターもいない。七海《ななみ》とのどかを同時に起用すれば失点が増《ふ》えることは、試すまでもなく明らかなことだ。

そこまで考えたところで、安藤《あんどう》先生は「いや、待てよ」と思った。

平均《へいきん》身長をほんの数㎝高くすることにこだわったり、何点取られるかを考えるより、あの2人で何点上積みできるかを考えたほうがてっとり早いかもしれない。多少やられても、のどかが3点取り返すならそれでいい。

インターハイ前に行った実業団《じつぎょうだん》チームとの練習試合で、先生は七海《ななみ》とのどかを2人そろえてスタメン起用した。思った通り、七海《ななみ》はゴールドライブからのレイアップシュート、のどかは3ポイントを決めまくって試合に勢《いきお》いを生んだ。

最後のピースがパチリとはまった音が聞こえた。

2年ぶりの開催《かいさい》となったインターハイで、薫英《くんえい》は大型《おおがた》選手のいる強豪《きょうごう》を次々《つぎつぎ》に破《やぶ》り、準《じゅん》決勝の岐阜女子戦まで進んだ。序盤《じょばん》はシュートが入らずリードを許《ゆる》したが、激《はげ》しいディフェンスでじわじわと追い詰《つ》め、第4クォーター残り2分にのどかのフ

センター
主にゴール下にいて、シュートを狙《ねら》ったりこぼれ球を拾ったりする役割《やくわり》。背《せ》の高い選手が担《にな》うことが多い。

第4クォーター
ー試合を4分割《ぶんかつ》したクォーター制《せい》において、最後の区分をさす。

ローターで2点差。そして七海《ななみ》の攻守《こうしゅ》にわたる活躍《かつやく》と3年の宮城楽子の3ポイントで残り1分で逆転《ぎゃくてん》に成功し、57—56で逃《に》げ切った。

試合終了《しゅうりょう》のブザーが鳴ると、七海《ななみ》は真っ先にのどかに駆《か》け寄《よ》った。

残り10秒、七海《ななみ》が外したシュートをのどかが拾い、残りの時間を冷静に使ってくれたおかげで逆転《ぎゃくてん》負けのリスクが消えた。その喜《よろこ》びを一緒《いっしょ》に分かち合い、「ありがとう」と伝えたかった。ところがのどかは顔を覆《おお》って泣いていて七海《ななみ》に気づかず、横を通り過《す》ぎようとする。

拍子《ひょうし》抜《ぬ》けしながらも七海《ななみ》は、まあええか、と思った。

うちらはこれから、こういう経験《けいけん》をいっぱいしていくんじゃ。

何も言わなくても

ウインターカップを3位という好成績《こうせいせき》で締《し》めくくって迎《むか》えたラストシーズンは、2人にとって想像《そうぞう》もしていないほど大変なものになった。

ウインターカップ後の遠征《えんせい》から、七海《ななみ》はキャプテンとしての統率力《とうそつりょく》不足を安藤《あんどう》先生から叱《しか》られ続けた。七海《ななみ》は考える前に体が動くタイプで、まわりの状況《じょうきょう》をよく見たり、物事を深く考えたりすることが得意《とくい》ではない。去年1年間、先輩《せんぱい》たちが下級生キャプテンの自分をどれだけサポートしてくれていたかを痛感《つうかん》させられた。

新人戦前には自分の軽率《けいそつ》な行動のせいで、練習に参加させてもらえなくなった。先生には「あんたはバスケで結果を出せばええと思ってるかもしれんけど、そんな考えのやつに誰《だれ》がついていくと思うんや」と言われた。2週間ほどしてやっと復帰《ふっき》を許《ゆる》されたと思ったら膝《ひざ》をケガして、2か月間はプレーできないと言い渡《わた》された。

体育館のステージ上でフィットネスバイクを漕《こ》ぐ。コートでは副キャプテンののどかが、的確《てきかく》な声かけでチームをまとめている。

ウインターカップ中は試合ごとに相手に有効《ゆうこう》なフォーメーションリストを作ってベンチに持ち込《こ》み、今は練習中に気づいたことをしきりにメモ帳に書き連ねている。

のどかはどこまでもバスケについて考え、努力し、行動できる。

なんでうちはのどかみたいになれんのじゃ。

悔《くや》しさが募《つの》った。


七海《ななみ》の復帰《ふっき》後、薫英《くんえい》のキャプテンは七海《ななみ》とのどかの2人体制《たいせい》になり、のどかはチーム全体をまとめる「チームキャプテン」になった。さまざまな重責《じゅうせき》に押《お》しつぶされ、これまでならまずしないようなミスが目立つようになった七海《ななみ》の負担《ふたん》を減《へ》らすため、仲江穂果《なかえほのか》や島袋椛《しまぶくろはな》に「キラが打つ時はリバウンドを意識《いしき》して」と伝え、攻撃《こうげき》に転じる時には必ず自分がボールを運ぶことを心がけた。

しかしのどかも、学校生活を含《ふく》めた部員の行動に目を配りきれず、よくない振《ふ》る舞《ま》いに気づいてもそのままにしてしまうことや、それを改善《かいぜん》させるところまで至《いた》ら

リバウンド
シュートが外れて、リングやボードに当たってはねかえったボール。またはそのボールを取ること。

ないことを安藤《あんどう》先生にずっと指摘《してき》され続けている。

「あんたはずるいで。『自分はやれてるから大丈夫《だいじょうぶ》』って顔をしとるけど、それだけじゃアカンってわかっとるやろ」

先生にそう言われ、唇《くちびる》を噛《か》みしめることしかできなかった。

のどかは消灯するまでの時間を読書をして過《す》ごすことが多い。アスリートの自伝が多かったそれはこのごろ、心理学やチームワークを題材にしたものになっていたが、内容《ないよう》を参考にしてみようとしても全然うまくいかないどころか、余計《よけい》に難《むずか》しさを感じた。

このままのチームで本当に日本一になれるの?

ルーズリーフに弱音を書き連ね、丸めてゴミ箱に捨《す》てる日々《ひび》が増《ふ》えていった。

コート外での苦しみを解《と》き放つように、コート上での2人のコンビネーションは冴《さ》え渡《わた》った。どのフォーメーションを使いたいか。どのタイミングでボールが欲《ほ》しいか。練習の合間や学校の行き帰りに飽《あ》きるほど話し合い、考えをすり合わせるうちに、何も言わなくてもお互《たが》いのやりたいプレーが一致《いっち》するようになっていった。
勝負どころでキラにボールを預《あず》けたら、絶対《ぜったい》に点を取ってきてくれる。
うちにディフェンスが寄《よ》ってものどかにパスを出したら絶対《ぜったい》決めてくれる。
お互《たが》いがお互《たが》いに大きな自信を持っていた。

後悔《こうかい》

インターハイは2年連続の準優勝《じゅんゆうしょう》だった。全国の強豪《きょうごう》8チームで争われる秋のU18トップリーグでは様々《さまざま》な収穫《しゅうかく》を得《え》た。高校最後の全国大会、ウインターカップで目指すものはもちろんたった1つ、優勝《ゆうしょう》しかなかった。

シードとして2回戦から出場した大会を、薫英《くんえい》は大きなアクシデントもなく順調に勝ち上がり、最大の山場、岐阜女子戦を迎《むか》えた。

薫英《くんえい》は最高のスタートを切った。足を使った激《はげ》しいディフェンスから2年生の椛《はな》が立て続けに得点《とくてん》を決め、13―2と一気にリード。その後も岐阜女子にペースをつかませず、11点リードで前半を終えた。

「後半は絶対留学生《ぜったいりゅうがくせい》のところで攻《せ》めてくる。10点差はないものと思ってやれ！」

安藤《あんどう》先生がそう言ったあと、のどかは「キラ」と声をかけた。

七海《ななみ》は前半で3つのファールを犯《おか》している。あと2つ宣告《せんこく》されたら退場《たいじょう》だ。これ

U18トップリーグ
U18日清《にっしん》食品トップリーグ。2022年に新設《しんせつ》。インターハイやウインターカップで実績《じっせき》を残した高校バスケットボールの強豪《きょうごう》（男女各8チーム）が日本一を争う。

ファール
試合中、体の接触《せっしょく》によってファールを取られ、5回ファールをした選手は退場《たいじょう》となる。

までにも何度かファールが原因《げんいん》で七海《ななみ》が試合に立てなくなったり、プレー時間が少なくなることがあり、のどかは練習から「キラに頼《たよ》りすぎないで戦おう」と口酸《くちず》っぱく言い続けてきた。

「ファールは絶対《ぜったい》だめ。キラはずっとコートに立っていないと。ディフェンスで深追いしなくても点を取り返せばいいんだから」

「うん。わかっとる」

七海《ななみ》はうなずいた。

全国屈指《くっし》の強豪校《きょうごうこう》である岐阜女子は、後半からディフェンスの強度を一気に引き上げてきた。薫英《くんえい》は第3クォーター終了《しゅうりょう》直前に逆転《ぎゃくてん》を許《ゆる》し、第4クォーターは一進一退《しんいったい》の攻防《こうぼう》となった。先生の予想通り留学生《りゅうがくせい》のゴール下の攻撃《こうげき》が増《ふ》え、インサイド陣《じん》のファールが混《こ》んできたが、何度も接戦《せっせん》を経験《けいけん》したのどかたちは動じなかった。

残り4分。57—58。岐阜女子のボールに手を伸《の》ばした七海《ななみ》が4つ目のファールを宣告《せんこく》された。そして、直後のオフェンスで得意《とくい》のフローターを決めたあと、留学生《りゅうがくせい》と交錯《こうさく》し、倒《たお》れた。

ピッ！！！！！

ホイッスルが鳴り響《ひび》いた。

審判《しんぱん》は倒《たお》れ込《こ》んだ2人に駆《か》け寄《よ》り、左手で七海《ななみ》を示《しめ》した。

「なんで！」

七海《ななみ》はこどものように地団駄《じだんだ》を踏《ふ》み、叫《さけ》んだが、判定《はんてい》は当然覆《くつがえ》らない。

「練習してるから大丈夫《だいじょうぶ》だって！」

のどかの甲高《かんだか》い声が凍《こお》りつきかけた空気を破《やぶ》った。

このままじゃみんな落ち込《こ》む。誰《だれ》よりキラが落ち込《こ》む。

大丈夫《だいじょうぶ》。ここで勝って、またキラをコートに立たせるんだ。

インターハイの決勝、七海《ななみ》が4ファールでベンチに下がったときは、のどかが1人で攻《せ》めすぎてチームのオフェンスが崩《くず》れてしまった。今日は最後までコントロールに徹《てっ》しよう。そう考え、のどかは留学生《りゅうがくせい》とマッチアップする椛《はな》に攻《せ》めさせた。椛《はな》はのどか、七海《ななみ》、みんなの願いを一心に背負《せお》って得点《とくてん》を重ねた。

残り1分を切って4点差。

マッチアップ
2人の対戦。ここでは、自分が担当《たんとう》する選手との対戦の意。

まだいける。

岐阜女子がミスしたシュートを拾った木本桜子《きもとさくらこ》からパスを受けたのどかは、素早《すばや》くボールを運び、七海《ななみ》が乗り移《うつ》ったかのようなドライブからレイアップシュートを沈《しず》め、残り34秒で1ゴール差にまでこぎつけた。しかし、次の1本がなかなか来ず、留学生《りゅうがくせい》を必死に守っていた穂果《ほのか》も5ファールで退場《たいじょう》になった。

残り8秒、66―69。最後のタイムアウトで、安藤《あんどう》先生はのどかが3ポイントを放つフォーメーションを指示《しじ》し、「最後はお前がやってこい！」と言った。

この大会、のどかの3ポイントはとんと不調だった。それでも先生は託《たく》してくれた。のどかの心の炎《ほのお》はいっそう燃《も》えた。スローインを出す桜子《さくらこ》が「頼《たの》みます」と言うように差し出した手のひらを、軽く握《にぎ》った。

しかし、のどかはシュートを打てなかった。

混乱《こんらん》の中で選手たちの動きにエラーが起き、ボールが回ってこなかった。

椛《はな》が3ポイントを放つ。七海《ななみ》を含《ふく》めたベンチメンバー全員が立ち上がる。ボールがリングを跳《は》ね、のどかはリバウンドに飛び込《こ》んだ。しかし、一度手の中に収《おさ》めた

レイアップシュート
ステップを踏《ふ》みながらゴールに近づき、ジャンプしてボールをリングに置いてくるように入れるシュート。

タイムアウト
試合中に取る、短い休憩《きゅうけい》。作戦タイム。

ボールは着地と同時にこぼれ落ちた。

試合終了《しゅうりょう》を告《つ》げるブザーが鳴った。

泣いちゃだめだ。

真っ先にそう決めた。

椛《はな》に、後輩《こうはい》たちに責任《せきにん》を感じさせちゃいけない。泣いちゃだめだ。

あいさつをするため、センターサークルへと向かう。肩《かた》を落とす椛《はな》の背中《せなか》を叩《たた》き、明るい声で「よく打った」とねぎらい、応援団《おうえんだん》に一礼した。

試合後の取材対応《たいおう》でも泣かなかった。何人かの記者の人たちから「都野《つの》さんが退《たい》場《じょう》した時はどんな気持ちになりましたか？」と尋《たず》ねられた時も「キラがコートに立てないのは変わらないし、キラに頼《たよ》らないことを意識《いしき》しながら練習してきたので、自信を持ってプレーしました」ときっぱり答えた。

記者は次第《しだい》にまばらになっていき、質問《しつもん》の間があいてきた。

のどかの頭に一つの疑問《ぎもん》が浮《う》かんだ。

キラが退場《たいじょう》した後のオフェンス、本当に椛《はな》に任《まか》せてよかったの？

センターサークル
コートの中央、センターラインの上に描《えが》かれた円。

心がざわつく。

うちは本当にキラに頼《たよ》らずプレーできたの？

2年の近畿《きんき》決勝で負けたあとに決めた、チームを勝たせる選手になれていたの？

「今後はどんな選手になっていきたいですか？」と尋《たず》ねられた。「自分が点を取って、勝たせられるような選手になりたいです」と言ったあと、のどかは気づきたくないことに気づいてしまった。

「やっぱり自分が…一番キラに頼《たよ》ってしまっていたのかなって思うので……」

言葉を発するごとに涙《なみだ》があふれだし、最後は絞《しぼ》り出さないと声が出なかった。

試合後の記憶《きおく》が、あまりない。

たくさんの取材に上の空で対応《たいおう》し、更衣室《こういしつ》に向かう、体育館をぐるりとまわる長い一本道を歩き出そうとする。

これで、終わった……？

そう思った瞬間《しゅんかん》に、非情《ひじょう》な現実《げんじつ》が七海《ななみ》に襲《おそ》いかかった。

勝てたのに。絶対《ぜったい》に勝てたのに。絶対《ぜったい》ファールじゃないのに。

最後は自分が勝たせなきゃいけなかったのに。

のどかがあれだけ言ってくれたのに。

涙《なみだ》はとめどなく流れた。誰《だれ》もいない更衣室《こういしつ》でずっと泣き続けた。

ホテルに帰り、最後のミーティングが行われた。3年生1人ひとりが発する言葉に涙《なみだ》していたら、七海《ななみ》が話す番が回ってきた。

「自分はいつも試合を託《たく》してもらっていて、いつもチームを勝たせると言っていたけど、いつも大事なところでコートに立てなかった。本当にごめんなさい」

理由はわからないが、涙《なみだ》は出なかった。

その後しばらく、七海《ななみ》は1人になるとぱっとあの試合を思い出し、苦しんだ。

5つ目のファールをした時のこと。試合が終わった時にコートに立っていた、5人の表情《ひょうじょう》。

一生、あの試合を見られんじゃろうな。七海《ななみ》はそう思った。

2人でいたから

高校卒業後、2人の道は分かれた。のどかは穂果《ほのか》らとともに大阪人間科学大に持ち上がり、七海《ななみ》はWリーグのトヨタ紡織《ぼうしょく》サンシャインラビッツに入団《にゅうだん》した。

入学時からチームに必要不可欠《ひつようふかけつ》な存在《そんざい》として活躍《かつやく》するのどかも、パリ五輪の日本代表候補《こうほ》に選出された七海《ななみ》も、ふとした時に「キラがいたら」「のどかがいたら」と思うことがあるという。

「キラは自分にとって一番のお手本だったので、最初のほうは『これからどうやって成長していけばいいんだろう』って、行き詰《づ》まったような感覚になりました。試合で負けた時も『キラがいたら勝てたのかな』って思ってしまうことがあります」

「今は同い年のチームメートがいないので、高校時代のように『どうしたらチームがうまくいくだろう』とか『このプレーをやってみよう』みたいなことを気軽に話せる人がいない。のどかが隣《となり》にいてくれるだけでめちゃめちゃありがたかったんだなって。あの時も思っていたけど、今になってよりそう思います」

2人はけっして完璧《かんぺき》ではなかったと安藤《あんどう》先生は言う。日本一にあと一歩届《とど》かなかった理由が自分自身にあると思っている2人も、それを痛《いた》いほど自覚している。だから今度こそ後悔《こうかい》しないために、自分の壁《かべ》を破《やぶ》ろうと必死に努力している。

安藤《あんどう》先生は言った。

「あの2人は2人でおったから成長できたというのが事実でしょうね。都野《つの》だけではあそこまでの結果は出なかったと思うし、熊谷《くまがい》だけでもそうやと思います」

持っている素質《そしつ》や性格《せいかく》は違《ちが》う。

でも、バスケがうまくなりたいという気持ちは同じ。

小さくていびつな欠片《かけら》たちはお互《たが》いを補《おぎな》い合い、高め合い、1枚《まい》の大きな絵を作り上げようとした。その努力の過程《かてい》は、確《たし》かにかけがえのない財産《ざいさん》として息づいている。


（文／青木美帆）

STORY. 3

裏《うら》方《かた》こそが私《わたし》たちのステージ！

光《ひかり》ヶ《が》丘《おか》女子《じょし》高等学校　クリスマスページェント実行委員会

愛知県岡崎《おかざき》市

青山れいら | Aoyama Reira

クリスマスページェント実行委員会委員長。

関口ひな | Sekiguchi Hina

れいらの友人。実行委員会副委員長。

小林彩香 | Kobayashi Ayaka

実行委員会顧問《こもん》の先生。光《ひかり》ヶ《が》丘《おか》女子高校OG。

谷澤萌 | Tanizawa Moe

ダンス部所属《しょぞく》。ページェントのキャスト。

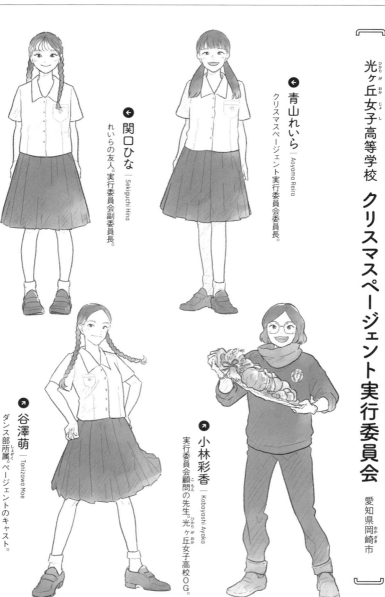

初めてのページェント

「ついに私《わたし》もヒカリの生徒になったんだ！」

２０１９年４月。屋根の上から真っ白なマリア像《ぞう》が見下ろしている光《ひかり》ヶ《が》丘《おか》女子高校の校舎《こうしゃ》の前に立ち、青山《あおやま》れいらは期待に胸《むね》を膨《ふく》らませた。

聖《せい》カタリナ学園光《ひかり》ヶ《が》丘《おか》女子高校は地元岡崎《おかざき》市では「ヒカリ」と呼《よ》ばれている。れいらが進学先にこの高校を選んだのは、一にも二にも吹奏楽部《すいそうがくぶ》だった。中学時代に吹奏楽部《すいそうがくぶ》でホルンを吹《ふ》いていたれいらは自他ともに認《みと》める吹奏楽《すいそうがく》大好き人間。全日本吹奏楽《すいそうがく》コンクールの常連校《じょうれんこう》で、日本中に強豪《きょうごう》としてその名を知られる光《ひかり》ヶ《が》丘《おか》女子高校吹奏楽部《すいそうがくぶ》のファンであり、吹奏楽《すいそうがく》目当てで高校を選んだのだった。

中２の年末、地元のホールで開催《かいさい》された光《ひかり》ヶ《が》丘《おか》女子高校のクリスマスページェントを初めて見に行ったのも、吹奏楽部《すいそうがくぶ》の演奏《えんそう》が聴《き》けるからだった。

クリスマスページェントはキリスト教系《けい》の高校である光《ひかり》ヶ《が》丘《おか》女子高校の一大イベ

全日本吹奏楽《すいそうがく》コンクール
全日本吹奏楽連盟《すいそうがくれんめい》と朝日新聞社が主催《しゅさい》するアマチュア吹奏楽団体《すいそうがくだんたい》を対象《たいしょう》とした音楽コンクール。

ページェント
もともとは中世ヨーロッパで行われていた宗教劇《しゅうきょうげき》のこと。現在《げんざい》は野外劇《げき》や野外イベントを指す言葉となっている。

ント。全国レベルの実力を持つ吹奏楽部《すいそうがくぶ》とダンス部を中心に、総勢《そうぜい》300人の生徒が参加して作り上げるミュージカル作品だ。毎年クリスマスシーズンに上演《じょうえん》され、アダムとエバ、ノアの方舟《はこぶね》など聖書《せいしょ》に基《もと》づく物語が演《えん》じられる。もちろん、アダム、ノア、ヨセフといった男性《だんせい》の登場人物を演《えん》じるのもすべて女子だ。

　このページェントを通じて才能《さいのう》を開花させる生徒もおり、劇団《げきだん》四季で活躍《かつやく》する小《こ》林由希子《ばやしゆきこ》、ミュージカル俳優《はいゆう》の森田茉希《もりたまき》などプロの俳優《はいゆう》も輩出《はいしゅつ》している。

　高校生が作り上げているとは思えないクオリティの高さには定評《ていひょう》があり、本番には学校関係者以外にも多くの観客が詰《つ》めかける。

　そんなクリスマスページェントだが、中2のころのれいらはただただ吹奏楽部《すいそうがくぶ》の演奏《えんそう》に夢中《むちゅう》になるばかりで、ストーリーはほとんど理解《りかい》できなかった。ましてや、キャストたちの背後《はいご》で、真っ黒な服を着て大道具・小道具を運んでいる生徒たち――「ジッコーさん」の姿《すがた》など気づきもしなかった。

　晴れて光《ひかり》ヶ《が》丘《おか》女子高校の生徒となったれいらは、吹奏楽部《すいそうがくぶ》に即《そく》入部した。

アダムとエバ
旧約聖書《きゅうやくせいしょ》の「創世記《そうせいき》」で、最初の人類とされている男性《だんせい》と女性《じょせい》。

ノアの方舟《はこぶね》
旧約聖書《きゅうやくせいしょ》の「創世記《そうせいき》」にある、神がおこした大洪水《だいこうずい》からのがれた人々《ひとびと》の物語。

ヨセフ
キリスト教でイエス・キリストの母とされるマリアの夫。

最初こそ元気に練習場に通ったが、びっくりするほど上手《じょうず》な先輩《せんぱい》たち、明らかに自分よりレベルの高い同期たちを見るうちに自信を失いがちになっていった。

（入部したばかりだし、吹奏楽《すいそうがく》がやりたくてヒカリに来たんだから、がんばろう！）

そう自分を鼓舞《こぶ》しても、気持ちは下がるばかりだった。

（このままだと吹奏楽《すいそうがく》が嫌《きら》いになっちゃう……。そうなる前に辞《や》めたほうがいい）

まだ6月だったが、れいらは顧問《こもん》の日野謙太郎《ひのけんたろう》先生と話し合い、正式に退部《たいぶ》した。

日野先生には引き止められたが、れいらの気持ちは変わらなかった。

自分が望んだ通り吹奏楽部《すいそうがくぶ》を辞《や》めたのだから、楽になるはずだった。ところが、れいらの胸《むね》にはぽっかり穴《あな》が空き、無気力な状態《じょうたい》が続いた。

（私《わたし》、病《や》んでるよなぁ。なんでヒカリに来たのかわからなくなっちゃったし。せっかくの高校生活なんだから、何かに一生懸命《いっしょうけんめい》になりたかったのに……）

そんなれいらの思いが神様に通じたかのような出来事が起こった。

ある日、クラスの担任《たんにん》だった古澤純《ふるさわじゅん》先生がこんな話をしたのだ。

「毎年年末に開催《かいさい》しているクリスマスページェントに向けて、生徒実行委員会のメンバーを募集《ぼしゅう》します。興味《きょうみ》がある人は参加してください」

「実行委員会」って何だろう？　ページェントを仕切る役割《やくわり》だろうか？

れいらは中2の時に見たページェントを思い出しながら、なんとなく説明会に顔を出してみた。

実行委員会のもう1人の顧問《こもん》、小林彩香《こばやしあやか》先生が前に立って説明を始めた。

（部活でもないのに顧問《こもん》がいるって、おもしろいなぁ）

そんなふうに思っていると、ふと小林先生の言葉が耳に飛び込《こ》んできた。

「今の自分を変えたい人、変わりたい人はぜひ実行委員会に入ってください」

ドキッとした。ページェントのことも、実行委員会のこともまだよくわかっていなかったが、れいらは間違《まちが》いなく「今の自分を変えたい人、変わりたい人」だった。

（やってみようかな、実行委員会……）

先生の言葉に心を動かされ、れいらは実行委員会への参加を決めたのだった。

入ってみてわかったことがあった。実行委員会というのは、クリスマスページェントを仕切る役割《やくわり》ではなかった。

ひと言で言うなら、「裏方《うらかた》」だ。

夏休みに学校で最初の実行委員会の集まりがあった時、ざっくりした仕事内容《ないよう》を先生や先輩《せんぱい》が教えてくれた。

実行委員会のもっとも大きな役割《やくわり》は、ミュージカルが演《えん》じられている舞台上《ぶたいじょう》に、それぞれの場面に必要な大道具や小道具を出したり、しまったりすることだった。ほかにも、大道具に使う布《ぬの》を縫《ぬ》ったり、会場入口の受付でチケットのもぎりをしたり、ホールのドアの開け閉《し》めをしたり……といった様々《さまざま》な仕事がある。

最初の委員会の集まりの時、先生がDVDで前の年のクリスマスページェントを見せてくれた。確《たし》かに、映像《えいぞう》の中に実行委員会はほとんど出てこない。ステージが暗転し、再《ふたた》び明るくなると、いつの間にか脚立《きゃたつ》、白や黒の箱、祭壇《さいだん》、王の椅子《いす》などが並《なら》んでいる。目立たないように実行委員が働いた結果だった。

これまでれいらは吹奏楽部《すいそうがくぶ》部員として、いわば表舞台《おもてぶたい》にいた。1人のホルン奏者《そうしゃ》として、コンクールやコンサートではステージに立ち、まばゆい光を浴びながら演《えん》奏《そう》を披露《ひろう》し、観客から拍手《はくしゅ》を浴びてきた。

それに比《くら》べたら、実行委員会は正反対の役割《やくわり》だ。目立ってはいけない。光を浴びてはいけない。常《つね》に陰《かげ》からミュージカルの成功を支《ささ》え続ける――。

(裏方《うらかた》か……。私《わたし》にできるかな)

実行委員会は、校内では「ジッコー」とか「ジッコーさん」とか呼《よ》ばれているらしい。「実行委員会」だと少し堅苦《かたくる》しい感じがするけど、「ジッコーさん」というのは専門的《せんもんてき》な職人《しょくにん》という響《ひび》きがあって、れいらは少し興味《きょうみ》が湧《わ》いた。

れいらを含《ふく》めて1年生は7人。知り合いは誰《だれ》もいなかったけれど、とにかくやってみようという気持ちになった。

実行委員会、始動！

クリスマスページェントの生徒実行委員会が本格的《ほんかくてき》に動き出したのは10月に入ってからだった。12月の本番まで、2か月ちょっとというところだ。

最初にやったのは、ページェントの台本作りだ。英語科の多久島美知恵《たくしまみちえ》先生が書いた脚本《きゃくほん》をコピー用紙にプリントし、ホッチキスで綴《と》じる。でき上がった台本は先生たちやキャスト、吹奏楽部《すいそうがくぶ》・ダンス部といった部活に配られるが、実行委員も一部ずつもらう。それを元にして誰《だれ》がどの道具を運ぶのかなど役割《やくわり》を決めるのだ。

「私《わたし》、小門を運びたいです！」

れいらは勢《いきお》いよく手を上げて立候補《りっこうほ》した。

本番のステージでは基本的《きほんてき》にステージが真っ暗の時に大道具や小道具の出し入れをするが、例外がある。お腹《なか》にイエスを宿したマリアとヨセフの夫婦《ふうふ》がベツレヘムの町にやってくるシーンだ。

マリア
キリスト教でイエス・キリストの母とされる女性《じょせい》。

ベツレヘム
マリアがイエス・キリストを生んだと新約聖書《せいしょ》にしるされている都市。

吹奏楽部《すいそうがくぶ》の演奏《えんそう》をバックにヨセフが歌う中、ステージ上を町の人々《ひとびと》が行き交《か》う。

そこに登場するのが大中小の3種類の門だ。薄《うす》い板に石造《いしづく》りの模様《もよう》を描《えが》いた門の大道具はベツレヘムの町の建物や宿屋を表している。

門は下手《しもて》から登場し、ゆっくり上手《かみて》へ動いていく。マリアとヨセフが町中を歩き回っていることを表現《ひょうげん》するのだ。

「ステージが明るい時に出るのはここだけ。ジッコー最大の見せ場です」

小林先生のその言葉を聞き、れいらは俄然《がぜん》やってみたくなった。しかも、大門や中門は2人で運ぶが、小門は1人だけで運ぶ。特別感があった。

そして、れいらは希望通り小門を運ぶ役をもらうことができた。

役割《やくわり》が決まると、実行委員会の「練習」が始まった。

場所は、おもにカリタス広場だった。本館・新館という2つの校舎《こうしゃ》と渡《わた》り廊下《ろうか》に囲《かこ》まれた中庭のような空間で、地面にはレンガが敷《し》き詰《つ》められている。

実行委員会はそこにシートを敷《し》いて本番が行われるホールのステージに見立て、舞台袖《ぶたいそで》からステージへ大道具・小道具を運び出す練習をするのである。

下手《しもて》
客席から見て舞台《ぶたい》の左側。

上手《かみて》
客席から見て舞台《ぶたい》の右側。

舞台袖《ぶたいそで》
舞台《ぶたい》の上手《かみて》と下手《しもて》にある空間。通常《つうじょう》は幕《まく》によって客席から見えないようにしている。

（委員会活動で「練習」があるなんて初めて……）

中学時代までの委員会ではそんなことはなかった。

（だから、この格好《かっこう》なんだなぁ）

上下ジャージで来るように言われていた理由がれいらにはようやくわかった。

れいらたち1年生は、先輩《せんぱい》たちに連れられて校舎《こうしゃ》の2階にある倉庫へ行き、大道具・小道具をカリタス広場まで下ろした。

広場には机《つくえ》が置かれ、その上にはノートパソコンとテレビモニターが置かれていた。モニターはなんと校舎《こうしゃ》内から延長《えんちょう》コードを引っ張《ぱ》ってきて電源《でんげん》を取っていた。

「あのテレビ、小林先生の家で使ってたやつなんだって」と先輩《せんぱい》が教えてくれた。

「そうなんですか」

「小林先生、ヒカリの生徒だった時は実行委員長だったんだよ。だから、今もページェントにはめっちゃ熱いの」

高校生の時に実行委員長で、今は顧問《こもん》で。クリスマスページェントとはそんなに熱心になれる対象《たいしょう》なのだろうか。

「じゃあ、練習始めるよ」

小林先生と古澤《ふるさわ》先生が見守る中、実行委員会の練習は始まった。

「このテレビにページェントの映像《えいぞう》を流すから、出ていくタイミングと道具を置く位置を覚えて。タイミングは歌やセリフ、照明が暗転した時とかだからね」

映像《えいぞう》を見てから、れいらたちは実際《じっさい》に大道具を動かしてみた。

だが、すぐに「ストップ、ストップ！　全然ダメ！」と止められてしまった。

「大道具や小道具の位置は１㎝たりともずらさないこと。ほんのかすかな音もたてないこと。暗転してる時に大道具を並《なら》べたら、絶対《ぜったい》に照明が明転するまでに舞台袖《ぶたいそで》に引っ込《こ》むこと。それを１００％確実《かくじつ》にやってください」

先輩《せんぱい》に言われ、れいらたちはうつむきながら「はい……」と答えた。

「ジッコーはただ道具を並《なら》べればいいってわけじゃないよ。ページェントを生かすも殺《ころ》すもジッコー次第《しだい》。それくらいの気持ちでね」

小林先生もそう言った。

れいらは先輩《せんぱい》たちや先生たちの目を見て理解《りかい》した。本気なんだ。だから、練習が必要なんだ。

れいらは中学時代に見たクリスマスページェントを思い出した。

ずっと演奏《えんそう》する吹奏楽部《すいそうがくぶ》に夢中《むちゅう》で、歌や踊《おど》りを披露《ひろう》するキャストも輝《かがや》いていて

――けれど、実行委員の姿《すがた》に気づいたことはなかった。

決して気づかれずに仕事をやり遂《と》げる。完璧《かんぺき》な位置に、完璧《かんぺき》に無音で道具をセッティングする。それこそがジッコーの目指すもの！　それこそがジッコーにとって最高の栄誉《えいよ》！

れいらは吹奏楽部《すいそうがくぶ》を退部《たいぶ》して以来、見失っていたものを見つけた気がした。

れいらは実行委員会の練習に没頭《ぼっとう》した。

授業《じゅぎょう》が終わって終礼が済《す》むと、急いで倉庫へ行って道具を運び出し、カリタス広場で練習を開始する。

秋が深まるにつれてどんどん日が短くなる。カリタス広場が暗くなってしまうと、まわりの校舎《こうしゃ》の電灯をつけ、その窓《まど》からの明かりの中で練習をした。通りかかった

先生から「ジッコーさん、がんばってね」と声をかけられることもあった。

午後6時半には倉庫のある校舎《こうしゃ》が施錠《せじょう》されてしまうので、その前には道具もブルーシートも片《かた》づけなければならない。落ち葉が増《ふ》えてくると、その掃《は》き掃除《そうじ》も必要だった。思ったよりも練習に使える時間は長くない。片《かた》づけが終わったら、ミーティングをして解散《かいさん》となる。そのころにはみんなヘトヘトだった。

学校を出ても、れいらの頭の中では道具の出し入れのシミュレーションがずっと続いていた。

(なんだか吹奏楽《すいそうがく》に夢中《むちゅう》になってたころみたいだな)とれいらは思った。

気づけば、吹奏楽部《すいそうがくぶ》を辞《や》めて病《や》んでいた自分はもうどこにもいなかった。

11月になると、吹奏楽部《すいそうがくぶ》やダンス部、合唱部も含《ふく》め、クリスマスページェントに携《たずさ》わる生徒たちが一堂《いちどう》に会して合同練習が始まった。

実行委員会はお揃《そろ》いの真っ黒なトレーナーを着用して参加した。下にはくパンツも黒。ステージ上で目立たないようにするためだ。

合同練習が行われる体育館には、各部活の部員たちだけでなく、吹奏楽部《すいそうがくぶ》の日野先生、ダンス部の団野美由紀《だんのみゆき》先生といった顧問《こもん》の先生たちもいた。日野先生も団野《だんの》先生も、それぞれの世界で巨匠《きょしょう》レベルに達している指導者《しどうしゃ》だ。

吹奏楽部《すいそうがくぶ》の部員たちを目にすると、れいらはちょっと萎縮《いしゅく》してしまいそうになった。まだれいらには引きずっているものがあった。でも、退部後《たいぶご》も仲良くしている友達が小さく手を振《ふ》ってくれて気持ちが楽になった。

合同練習の最初には、必ず部活も実行委員会も関係なくみんなで円陣《えんじん》を組み、スローガンを唱えることになっていた。

「みんなの心に光あれ、愛と平和を届《とど》けます！」

左右の人と手をつなぎ、３００人が声を合わせて叫《さけ》んだ。れいらには部活や委員会の垣根《かきね》が消え、みんながページェントを作る仲間になったように思えた。

1年目の本番

秋から冬へ――。練習の日々《ひび》はあっという間に過《す》ぎ去り、12月下旬《げじゅん》のクリスマスページェント当日がやってきた。

練習の甲斐《かい》あって、れいらはすでに一切《いっさい》音をたてずに小門を動かし、決められた位置にピタリと止められるようになっていた。

ホールにはたくさんの観客が詰《つ》めかけた。

2019年のページェントは、吹奏楽部《すいそうがくぶ》が演奏《えんそう》する壮大《そうだい》な《序曲《じょきょく》》から始まった。ナレーターの「天地創造《てんちそうぞう》」という声に続き、スポットライトを浴びながら大きな脚立《きゃたつ》の上に腰掛《こしか》けた神役のキャストが「光あれ！」と高らかに声を上げる。恒例《こうれい》のオープニングだった。もちろん、脚立《きゃたつ》は実行委員会がセッティングしたものだ。

音楽とともに聖書《せいしょ》の物語が始まった。神は天地を造《つく》り、そこにアダムとエバという最初の人間を造《つく》り出す。アダムとエバは蛇《へび》にたぶらかされて神の教えに背《そむ》き、楽園であるエデンの園《その》から追放されてしまう。アダムとエバは、カインとアベルという息子《むすこ》たちと暮《く》らすが、弟のアベルだけが神や両親に愛されていると嫉妬《しっと》したカインはアベルを殺《ころ》してしまう。カインは神の怒《いか》りを買って額《ひたい》に罪《つみ》の印を受け、子孫までそれが続くことになる――。

吹奏楽部《すいそうがくぶ》の演奏《えんそう》に導《みちび》かれながら、キャストたちはいきいきと演技《えんぎ》し、歌を歌った。ダンス部が披露《ひろう》する踊《おど》りも美しくステージを盛《も》り上げた。

その後、ノアの方舟《はこぶね》、ヨナと大きな魚、といった有名な聖書《せいしょ》のストーリーが展開《てんかい》し、いよいよ最後のイエス・キリスト誕生《たんじょう》のエピソードが始まった。

マリアのもとに天使ガブリエルが現《あらわ》れ、マリアが神の子イエスを身ごもったことを伝える。マリアはヨセフに連れられ、ベツレヘムに向かうことになる。

れいらは下手《しもて》の舞台袖《ぶたいそで》から、ステージの様子を固唾《かたず》をのんで見守っていた。

（いよいよ私《わたし》の出番――ジッコーの見せ場だ！）

前髪《まえがみ》は邪魔《じゃま》にならないように上げてきつく留《と》め、おでこを全開にしていた。頭には顔を隠《かく》す黒子（頭巾《ずきん》）をかぶり、足もとは靴《くつ》を脱《ぬ》いで濃紺《のうこん》のスクールソックスに

ヨナと大きな魚
神の言葉に背《そむ》いたヨナが、大魚に飲み込《こ》まれたことで悔《く》いあらため、その後、神の使命を果たすという旧約聖書《きゅうやくせいしょ》の物語。

なっている。ステージで足音をたてないためだ。

両手で大道具の小門を持ち、準備万全《じゅんびばんぜん》だった。

ステージではヨセフが朗々《ろうろう》と歌っていた。

『今の私《わたし》には守るべきものがある、決めたんだ決めたんだ、寒さに震《ふる》える冷たい風が吹《ふ》く時も、冷たい雪が降《ふ》る時も、私《わたし》はあなたと新しい命を守り抜《ぬ》く――』

ステージに出ていく大中小の門の中で先頭を切るのはれいらの小門だった。

（よし、今だ、行くぞ！）

れいらはステージに向かってゆっくりと小門を押《お》し始めた。ところが、下に細いコードが這《は》っていることに気づかなかった。小門がコードに乗っかり、そこから落ちるコトンという音が聞こえた。

（やばい！）

れいらは心臓《しんぞう》が止まるかと思った。

「ほんのかすかな音もたてない」という実行委員会の掟《おきて》をいきなり破《やぶ》ってしまった。

一番ショックを受けたのはれいら自身だった。吹奏楽部《すいそうがくぶ》の演奏《えんそう》をバックにヨセフの歌が響《ひび》いている中で、小さな音に気づいた観客は誰《だれ》ひとりとしていないだろう。しかし、れいらの実行委員としてのプライドが許《ゆる》さなかった。

（やってしまった……。でも――最後まで自分の役割《やくわり》を果たそう！）

全身黒ずくめのれいらは小門を押《お》してステージへ出ていった。客席からたくさんの人がこちらを見つめている。でも、観客に見えるのは小門だけ。細心の注意を払《はら》い、激《はげ》しく心臓《しんぞう》を高鳴らせながらそれを移動《いどう》させている実行委員のれいらのことは見えていない。

（それでいいんだ。ステージ上に私《わたし》はいない。小門だけがある――）

れいらと小門はステージを横切り、反対側の上手《かみて》へと消えていった。

完全に舞台裏《ぶたいうら》まで引き上げると、れいらはようやくホッと胸《むね》をなでおろした。最初に失敗はしたけれど、あとは練習通り完璧《かんぺき》にできた。自分なりに「やりきった」という感覚があった。

「ほら、ぼやぼやしてないで。ジッコーはラストの準備《じゅんび》して！」

先輩《せんぱい》にうながされ、れいらたちは舞台裏《ぶたいうら》からロビーに出た。

ステージ上ではイエスが誕生《たんじょう》。救世主《きゅうせいしゅ》の命を奪《うば》おうとするエルサレムのヘロデ王から逃《のが》れるため、マリアとヨセフはエジプトへ向かうところで物語は終わる。シメオンとマリア、ヨセフが合唱曲《いっしょに》を歌い始める。それと同時にキャストや天使役のダンス部員たちがステージ上に集まってくる。ロビーにいたれいらたちは頷《うなず》き合うと、ドアを開けて客席へ入っていった。実行委員会も最後の合唱には参加することになっていたのだ。

驚《おどろ》く観客たちが振《ふ》り返る中、れいらたちは通路に並《なら》び、笑顔《えがお》で歌った。

『できないことなど何ひとつない、新しい世界の扉《とびら》開けよう、仲間を信じ手を取り合って、一緒《いっしょ》に歩もう――』

れいらは通路で歌いながら、《いっしょに》の歌詞《かし》がまるで自分たちのことのように思えた。

吹奏楽部《すいそうがくぶ》を辞《や》めて病《や》んでいた自分が実行委員会に入り、みんなと練習を重ね、ここまでやってきた。できないことなど何ひとつない。新しい世界の扉《とびら》を開け、仲間《なかま》とともに歩んできた。小林先生が言っていた通り、「変わりたい」と思っていた自

ヘロデ王
新約聖書《せいしょ》では、ユダヤの王になる子と預言《よげん》されたイエス・キリストが誕生《たんじょう》した時に、王位をうばわれることをおそれて、イエスの生まれた町の幼児《ようじ》をみな殺《ごろ》しにしたとされている。

シメオン
生まれたばかりのイエス・キリストを抱《だ》きあげて祝福した老人。

分は、本当に「変われた」のかもしれない――。

（実行委員会に入ってよかったなぁ……）

れいらの頬《ほお》を涙《なみだ》が伝った。

《いっしょに》が終わって観客の大きな拍手《はくしゅ》が響《ひび》く中、ページェントの最後を飾《かざ》る合唱が始まった。讃美歌《さんびか》の《さやかに星はきらめき》だ。

『類《たぐい》なき愛の人、伝えよその訪《おとず》れを、広めよ清き御業《みわざ》を、讃《たた》えよ声の限《かぎ》り――』

歌が終盤《しゅうばん》に差し掛《か》かると、ステージに集まっていたキャストたちが徐々《じょじょ》に左右へ立ち去っていく。そして、最後にマリアとヨセフが深くお辞儀《じぎ》をする。

客席からの喝采《かっさい》がホールに響《ひび》き渡《わた》る中、クリスマスページェントは幕《まく》を閉《と》じたのだった。

コロナの嵐《あらし》の中で

「あぁ、寂《さび》しいなぁ……」

クリスマスページェントが終わり、冬休みが近づいたころ、思わずそんな言葉がれいらの口をついて出た。

吹奏楽部《すいそうがくぶ》やダンス部はページェントが終わっても自分たちの活動がある。だが、実行委員会はページェントが終わると解散《かいさん》になるのだ。

「私《わたし》もれいらさんと同じように寂《さび》しいと思って実行委員を続けた挙げ句《く》、気づいたらページェント依存症《いぞんしょう》になってたのよね」

小林先生はそう言った。先生はなぜかれいらを「さん」づけで呼《よ》ぶ。

「えっ、私《わたし》もページェント依存症《いぞんしょう》ですかね？」

れいらが言うと、小林先生は「かもよ」と笑った。

実は、れいら自身もそう思っていた。何かというとページェントのことを考えてしまっていたし、無意識《むいしき》にページェントの歌を口ずさんでいることもあった。

れいらは高2になると、待ってましたとばかりに実行委員会に参加を決めた。さらに、幹部《かんぶ》に立候補《りっこうほ》して、書記という役職《やくしょく》にもついた。

前の年に一緒《いっしょ》だった6人の同期も全員参加していた。

(よかった。私《わたし》だけじゃなく、みんなも依存症《いぞんしょう》だ)とレイラは心の中で笑った。

同期は新たに2人が加わり、全部で9人になった。

中でもれいらが親しくなったのは、副委員長の関口《せきぐち》ひな、通称《つうしょう》「ヒナちゃん」だった。ヒナちゃんも小林先生と同じようにれいらを「さん」づけで呼《よ》ぶ。

「れいらさん、一緒《いっしょ》に帰ろ」

実行委員会の練習が終わった後、いつもヒナちゃんはそう声をかけてくる。練習後に幹部《かんぶ》だけのミーティングがあるため、少し帰りが遅《おそ》くなるのだが、れいらとヒナちゃんは肩《かた》を並《なら》べて正門を出る。そして、「あそこ、もっとうまくできるよね」「でも、あの部分はよかったよね」とその日を振《ふ》り返りながら帰るのだ。

1年のころはそれほど親しくなかったけれど、天真爛漫《てんしんらんまん》でいつも明るいヒナちゃんは、れいらにとって信頼《しんらい》できる相棒《あいぼう》のような存在《そんざい》だった。

れいらはもともと人を頼《たよ》るのが苦手だった。幹部《かんぶ》になったせいでなおさら多くの仕事を自分で抱《かか》え込《こ》むようになり、パンクしそうになることが何度もあった。初めて後輩《こうはい》ができたが、どう1年生と接《せっ》したらいいかも悩《なや》んだ。

そんな時、ヒナちゃんの存在《そんざい》と天真爛漫《てんしんらんまん》さは救《すく》いだった。れいらはヒナちゃんには何でも相談することができた。

高2のページェントは危機《きき》に見舞《みま》われた。世界中を覆《おお》い尽《つ》くしたコロナ禍《か》だ。

学校生活と同様、実行委員会も練習では常《つね》にマスクを着用していた。そのせいでお互《たが》いの声は聞き取りづらいし、息は苦しいし、表情《ひょうじょう》もよくわからない。

それだけならまだしも、毎年恒例《こうれい》のクリスマスページェントが中止になるのではないか、という声も聞こえ始めた。

この年は脚本《きゃくほん》が変更《へんこう》になり、ヨナのエピソードがなくなって、代わりにモーセの

モーセの出《しゅつ》エジプト
旧約聖書《きゅうやくせいしょ》の「出《しゅつ》エジプト記」にある、神の声をきいたモーセが、エジプト王の迫害《はくがい》にあっていたヘブライ人をひきいてエジプトを脱《だっ》出《しゅつ》した物語。

出《しゅつ》エジプトや十戒《じっかい》のエピソードが盛《も》り込《こ》まれることになった。

（吹部《すいぶ》やダンス部もがんばってるし、私《わたし》だってせっかく実行委員会の幹部《かんぶ》として全力で取り組んでるのに、中止なんてやだ！）

れいらはそう思ったが、できることは地道に練習を重ねることだけだった。

先生たちがページェント実現《じつげん》に向けて必死に動いてくれた結果、２０２０年もなんとか開催《かいさい》が決定した。ただし、ホールで上演《じょうえん》するものの、観客は関係者のみ。映《えい》像《ぞう》だけをライブ配信することになった。

本番当日、れいらは幹部《かんぶ》として下手《しもて》の舞台袖《ぶたいそで》にいた。道具を出す実行委員に「緊《きん》張《ちょう》しないでがんばってね」と声をかけたり、使い終わった道具を片《かた》づけたりした。

余裕《よゆう》がある時はステージを見た。客席に目を向けると、がらがらだった。

（コロナの中で本番を迎《むか》えられただけよかったと思わなきゃ）

れいらの瞳《ひとみ》から涙《なみだ》がこぼれた。去年の感動の涙《なみだ》とは正反対の悔《くや》し涙《なみだ》だった。

感染症対策《かんせんしょうたいさく》のため、実行委員会は最後に会場に入って合唱に参加することもできなかった。こうして２０２０年のクリスマスページェントは幕《まく》を閉《と》じたのだった。

十戒《じっかい》
旧約聖書《きゅうやくせいしょ》の「出《しゅつ》エジプト記」に記述《きじゅつ》がある、神がモーセにさずけた10のいましめ。

委員長は私《わたし》！

高3になったれいらにはもう迷《まよ》いはなかった。ページェントの生徒実行委員会に入り、自ら実行委員長にも立候補《りっこうほ》した。

高校に入って2年間、リーダーを務《つと》めた先輩《せんぱい》たちの働きぶりを目にしてきて、自分もそういう存在《そんざい》になりたいと強く思ったのだ。それに、前の年にコロナ禍《か》で経験《けいけん》した悔《くや》しい思いを晴らすような活動をしたかった。

委員による投票でれいらは無事委員長に選ばれた。副委員長はもっとも信頼《しんらい》しているヒナちゃん。同期9人全員がまた実行委員として集まったのも心強かった。

問題は、下の学年が集まらなかったことだ。前の年まで実行委員は40人以上いたのに、2021年は26人だけだった。

「今年は史上《しじょう》最少だね」と小林先生も少し心配そうだった。

「れいらさん、去年までは人数が多くて仕事の割《わ》り振《ふ》りに苦労してたけど、今年は逆《ぎゃく》に少なくて苦労しそうだね」

　ヒナちゃんが言った。

「うん、正直やばいね……。やっぱりコロナでページェントを見てもらえなかったから、実行委員をやりたいと思う子が減《へ》っちゃったのかも」

　れいらは腕《うで》組《ぐ》みをし、顔をしかめた。それでも、やるしかない。ヒナちゃんや同期のみんながいれば、困《こん》難《なん》も乗り越《こ》えられそうな気がした。


「ねぇ、ラレイ！　オーディションで歌う曲、どれがいいと思う？」

　教室でれいらに話しかけてきたのは、ダンス部所《しょ》属《ぞく》の谷《たに》澤《ざわ》萌《もえ》だった。

　ダンス部では「クラブネーム」という部内でのあだ名がある。萌《もえ》は「サモ」だったので、れいらやまわりのクラスメイトたちもサモと呼《よ》んでいた。一方、れいらを「ラレイ」と逆《さか》さ言葉にして呼《よ》ぶのはサモだけだった。

　サモはいつも元気でみんなの中心にいるようなタイプの子だった。

　高一の時からキャストに立《りっ》候《こう》補《ほ》し、メインの一人であるアダムを演《えん》じた。れいらは合同練習の時にサモの歌声を間近で聴《き》き、「ダンス部なのに、なんて上手《じょうず》なんだろう！」と驚《おどろ》いた。

高2の時は同じクラスになり、ページェントのことを話す機会が増《ふ》えた。この年、サモはまたキャストに立候補《りっこうほ》したが、オーディションで落ちてしまった。

（きっと悔《くや》しがってるだろうな。サモ、落ち込《こ》んでるかな……）

れいらは少し心配していたが、サモはれいらに会うと「今年はダンス部でがんばるわ！　ラレイはジッコーがんばってな！」と笑顔《えがお》を見せた。気持ちの切り替《か》えが早く、いつもポジティブなサモを見習いたいとれいらは思った。

サモとは高3でも同じクラスになった。今年もキャストに立候補《りっこうほ》するというサモが、オーディションの曲を相談してきた。

「オーディションではディズニーの曲を歌う人が圧倒的《あっとうてき》に多いから、少しひねって違《ちが》う曲がいいんじゃない？」

れいらが言うと、「そういうもん？」とサモは首を傾《かし》げた。

「ね、『レ・ミゼラブル』の《民衆《みんしゅう》の歌》とかいいんじゃない？　サモって歌声が

『レ・ミゼラブル』

フランスの作家ユゴーの長編《ちょうへん》小説。主人公ジャン・バルジャンが罪《つみ》を犯《おか》した後、改心して世の中の不幸な人々《ひとびと》のためにつくした生涯《しょうがい》を描《えが》いた物語。

《民衆《みんしゅう》の歌》
ミュージカル『レ・ミゼラブル』の劇中歌《げきちゅうか》。パリ市民が政府軍《せいふぐん》と衝突《しょうとつ》する場面で歌われる。

力強いから、きっと合うと思うよ！」

「元吹部《すいぶ》のラレイが言うなら間違《まちが》いないかな。うん、それにする！」

サモは歌が上手《じょうず》なのに、楽譜《がくふ》がまったく読めなかった。れいらは《民衆《みんしゅう》の歌》の楽譜《がくふ》を見ながらサモの歌の音程《おんてい》をチェックしたり、「ここはもっとアクセントをつけて歌ったら？」などとアドバイスをしたりした。

オーディションは1次審査《しんさ》がアカペラで自由曲の歌唱。2次がページェントの曲を歌い、渡《わた》されたセリフで演技《えんぎ》を見せる。実行委員会は手伝いをするが、れいらは参加者たちに歌い出しの最初の音をピアノで弾《ひ》いて聴《き》かせる役になった。

サモが歌う時には、れいらは自分のことのように緊張《きんちょう》した。

（サモ、がんばって！）

れいらが出した音にピタッと合わせてサモは《民衆《みんしゅう》の歌》を歌い出した。

（やっぱりいい声してるなぁ。絶対合格《ぜったいごうかく》だよ！）とれいらは思った。

オーディションの結果が発表され、思った通りサモは合格《ごうかく》だった。与《あた》えられた役は終盤《しゅうばん》にイエスを殺《ころ》そうとするヘロデ王だった。

アカペラ
楽器の伴奏《ばんそう》をともなわない歌い方。

「ラレイのおかげで合格《ごうかく》したよ！　ヘロデをがんばるわ！」

「ジッコーが全力でバックアップするから、史上《しじょう》最高のヘロデになってね！」

そう言いながら、れいらは親指をぐっと立てた。

最後の本番に向かって

実行委員会で練習を重ねる中で、リーダーであるれいらとヒナちゃんは苦労が多かった。一番の悩《なや》みの種は後輩《こうはい》たちのことだった。

「やっぱりうちらと1年生の温度差がありすぎだよね」

ヒナちゃんがため息をついた。

「うちらだって最初はページェントの魅力《みりょく》も、なんで先輩《せんぱい》たちが細かいところまでこだわるのかも理解《りかい》できなかったし、まぁ、仕方ないのかな」

れいらがその悩《なや》みを同期にも相談すると、すぐ全員集まって話し合ってくれた。

「うちらが厳《きび》しすぎるのかな？」

「ちょっと練習の雰囲気《ふんいき》が重くなってたかも」

「後輩《こうはい》に任《まか》せるべきところは任《まか》せたほうが、やる気になってくれるんじゃない？」

活発に意見が飛び交《か》う様子を見ながら、れいらは思った。

（この子たちはただの同期じゃなく、「仲間」だなぁ）

ふと気づくと、その同期たちがれいらを見てニヤニヤしていた。

「え、どうした？」

「れいたん、やっと人を頼《たよ》れるようになったよね」

「そうそう、２年の時はひとりで抱《かか》え込《こ》んで追い詰《つ》められてたでしょ」

れいらは「やっぱバレてた〜？」とおどけて頭をかきながら、こう思っていた。

口に出せない思いも理解《りかい》してくれるこの「仲間」たちと最後まで駆《か》け抜《ぬ》けよう！

毎年のことだが、ページェントの本番はあっという間に近づいてくる。まるで時間が加速していくかのように。

直前にホールでリハーサルが行われた時、れいらは実行委員長として演出《えんしゅつ》の団野《だんの》先生や脚本《きゃくほん》の多久島《たくしま》先生たちが陣取《じんど》る客席の中央あたりにいた。そして、団野《だんの》先生たちがステージにいるキャストに指示《しじ》を出すのを間近に見ながら、実行委員会に必要なことをメモしたり、修正点《しゅうせいてん》を委員に伝えたりした。

（こんな偉《えら》い先生たちと同じところにいられるなんて……）

れいらはドキドキしながらもうれしかった。

練習の合間には、日野先生から声をかけられた。

「元気にやっとるか？」

「はい。先生、実は私《わたし》、吹《すい》部《ぶ》のコンクールとか定期演奏会《えんそうかい》とか見に行ってるんですよ。やっぱりヒカリの吹《すい》部《ぶ》は最高だと思います！」

「そんなに好きなら、なんで辞《や》めたの」と日野先生は笑った。

「なんででしょうね……。あ、実行委員会で作ったお守り、日野先生もどうぞ！」

れいらが手作りのフェルトのお守りを手渡《てわた》すと、日野先生は「ありがとう」と照れくさそうに受け取り、セーターにつけてくれた。

「ページェントはうちの学校のアイデンティティだから、必ず成功させたい。ジッコーも最後までよろしく頼《たの》むな」

先生の言葉に、れいらは「はい！」と力強く答えた。吹奏楽部《すいそうがくぶ》を退部《たいぶ》してからずっと引きずり続けていたものが、すっと消えていくのを感じた。

さよなら、私《わたし》のページェント

れいらにとって高校生活最後のクリスマスページェント当日がやってきた。

「いらっしゃいませ。どうぞお入りください」

開演《かいえん》前、れいらはヒナちゃんとともに受付で来場者のチケットのもぎりをした。実行委員の数が少ないから、人手が足りないところを手伝わざるを得《え》ない。それでも、前の年とは違《ちが》い、たくさんの観客が来場するのを見てれいらはうれしかった。

前髪《まえがみ》はきゅっと上げて留《と》め、黒いトレーナーに黒いパンツ、様々《さまざま》な道具を入れたウエストバッグを装着《そうちゃく》。準備《じゅんび》はばっちり整っていた。

「れいらさん、そろそろ開演《かいえん》だよ。急いで行こ!」

ヒナちゃんに声をかけられ、一緒《いっしょ》に舞台裏《ぶたいうら》へ走っていった。すでにステージ上では吹奏楽部《すいそうがくぶ》が《序曲《じょきょく》》を演奏《えんそう》しており、舞台袖《ぶたいそで》には出番を待つキャストや実行委員が緊張《きんちょう》の面持《おもも》ちで控《ひか》えていた。

「じゃあ、私《わたし》、あっち行くね」

ヒナちゃんが小声で言うと、立ち去っていった。2人のおもな仕事は舞台袖《ぶたいそで》での指示《しじ》出し。1年生の時から、れいらは下手《しもて》、ヒナちゃんは上手《かみて》にいることが多かった。だから、最後もお互《たが》いに思い入れのあるほうを選んだ。

(最後のページェントが始まるんだ……)

全身に鳥肌《とりはだ》が立った。

「光あれ！」と神の声が響《ひび》き、聖書《せいしょ》の物語が始まった。

アダムとエバ、カインとアベル、ノア、モーセ……。ストーリーの展開《てんかい》に応《おう》じて、実行委員がステージ上に道具をセットする。

(あの子たちを信じよう)

悩《なや》みながらも続けてきた練習。同期も後輩《こうはい》も、その成果を出してくれていた。れいらはキャストたちの演技《えんぎ》に目を向けた。演《えん》じているのは今年の生徒だが、そこに去年のページェント、一昨年のページェントの思い出が重なった。

3年間の記憶《きおく》と思いが、涙《なみだ》となってれいらの目からあふれ出した。

（委員長なんだから、泣くのは終演《しゅうえん》まで我慢《がまん》しなきゃ……）

そう思っても、こらえることができなかった。

物語は最後のマリアとヨセフの場面へと移《うつ》っていった。神の子、救世主《きゅうせいしゅ》であるイエスが誕生《たんじょう》したことを知ったヘロデ王は、どうにかしてイエスを見つけ出し、殺《ころ》そうとする。そんな残酷《ざんこく》な王を、サモは見事に演《えん》じていた。

友の勇姿《ゆうし》を見て、れいらはまた涙《なみだ》した。「あれは自分の自慢《じまん》の友達だ」と声を大にして言いたい衝動《しょうどう》に駆《か》られた。

ベツレヘムの町のシーンでは、黒ずくめの後輩《こうはい》たちが大中小の門を決して目立つことなく、しっかりと運んだ。れいらにとって小門を運んだあの日のことは遠い過《か》去《こ》のようにも、ついさっきのことのようにも感じられた。

ページェントはいよいよ終盤《しゅうばん》を迎《むか》えた。最後を飾《かざ》る合唱《いっしょに》と《さやかに星はきらめき》の歌声が響《ひび》き始めた。

その時、れいらたち実行委員会は舞台裏《ぶたいうら》の外の通路に集まっていた。

「みんな、いい？　立ち位置を間違《まちが》えないでね」とれいらは声をかけた。

つい1週間前のことだ。合同練習の最中にいきなり団野《だんの》先生が「最後、ジッコーさんもステージに出なよ」と言い出したのだった。

「えっ、私《わたし》たちも!?」とれいらは戸惑《とまど》ったが、内心ではうれしかった。

(団野《だんの》先生、ジッコーのことを考えてくれたんだな……)

まだコロナ禍《か》は続いており、ホール内で合唱を歌うことはできない。その代わり、ステージで挨拶《あいさつ》できることになったのだ。

「みんなマスクはずして！　そろそろ行くよ！」

最後の歌が終わり、まずキャストが挨拶《あいさつ》に出ていった。次が実行委員会の番だ。キャストがステージから下がり始めるのと同時に、黒ずくめの26人の集団《しゅうだん》が花道から駆《か》け出していった。花道からステージ中央までは意外に距離《きょり》がある。観客が大きな拍手《はくしゅ》で迎《むか》えてくれた。

ステージの中央に2列に並《なら》んだ。センターはれいら。その横にヒナちゃん。

(やっぱり私《わたし》、どこかでステージに出たい気持ちがあったのかも。実行委員会でどれだけ目立たないかを追求してきた3年間だけど、ステージでライトを浴びるって

気持ちいいなぁ)

れいらは満面の笑《え》みを浮《う》かべながら客席を眺《なが》めた。

吹奏《すいそう》楽部を辞《や》めた自分がこうしてステージに立ち、観客から割《わ》れんばかりの拍手《はくしゅ》をもらうことができているのはクリスマスページェントのおかげだった。

(ありがとう。そして、さよなら、私《わたし》のページェント――!)

れいらが目を潤《うる》ませながらお辞儀《じぎ》をすると、ほかの委員たちも続いた。

わずか数十秒の出番を終え、再《ふたた》び走って花道から外に出た。もう涙《なみだ》が止まらない。

ヒナちゃんと抱《だ》き合い、号泣《ごうきゅう》した。

「無事終わったね!」

「よかったね! 3年間、お疲《つか》れさま!」

顔中を涙《なみだ》で濡《ぬ》らしながら、れいらは気づいた。

生徒実行委員会は裏方《うらかた》だ。けれど、自分たちはずっと「青春」という光り輝《かがや》くステージのど真ん中にいたのだと――。


(文/オザワ部長)

STORY. 4

築《きず》き上げる最高の門

埼《さい》玉《たま》県《けん》立《りつ》川《かわ》越《ごえ》高等学校 くすのき祭《さい》実行委員会 門《もん》班《はん》

埼玉県川越《かわごえ》市

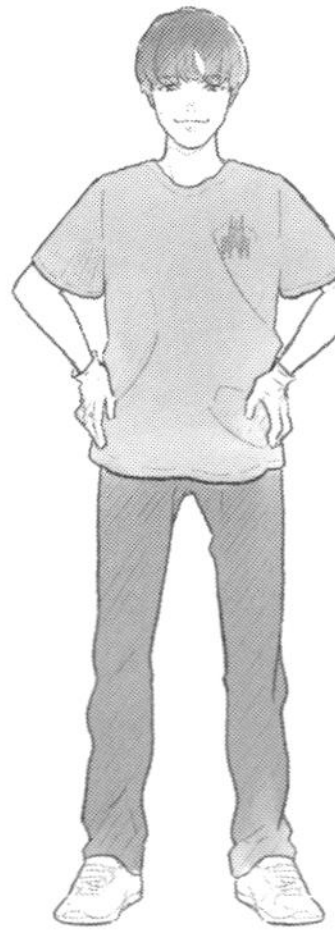

草間竜也 ｜ Kusama Tatsuya

第76代くすのき祭実行委員会・門班《もんはん》の班長《はんちょう》。

榊原大史 ｜ Sakakibara Taishi

第76代くすのき祭実行委員会・門班《もんはん》の塔班長《とうはんちょう》。

関口玄貴 ｜ Sekiguchi Genki

第76代くすのき祭実行委員会・門班《もんはん》の側背面班長《そくはいめんはんちょう》。

出原慧 ｜ Izuhara Kei

第76代くすのき祭実行委員会・門班《もんはん》の前面班長《はんちょう》。

田中慶治 ｜ Tanaka Keiji

第76代くすのき祭実行委員会・門班《もんはん》の副班長《ふくはんちょう》。

門との出会い

「おれの高校の文化祭、すごいから絶対《ぜったい》来いよ」

中学１年生の草間竜也《くさまたつや》は、兄に勧《すす》められて埼玉県立川越《かわごえ》高校の文化祭、くすのき祭《さい》にやってきた。くすのき祭は毎年１万人を超《こ》える人が訪《おとず》れる超人気《ちょうにんき》の催《もよお》しだ。

「高校の文化祭って初めてだな。どんな感じなんだろう」

川越《かわごえ》市は「小江戸《こえど》」と呼《よ》ばれる観光地でもある。江戸《えど》時代の蔵造《くらづく》りの町並《まちな》みが残されていて、レトロな建物の間を歩くと、まるでタイムスリップをしている気分だ。

(兄ちゃんは毎日、こんな道を通って学校に行ってるんだ。楽しそうだな)

なだらかな坂を下っていくと、その先に高校の校舎《こうしゃ》が見えてきた。大きな木が深い緑色の葉を茂《しげ》らせている。おそらく、あれが「くすのき」なんだろう。だが、竜《たつ》也《や》の目はその前に作られた赤茶色の構造物《こうぞうぶつ》に奪《うば》われた。

(なんだ、あれ？　でけえ！)

６ｍを優《ゆう》に超《こ》えるそれは、異様《いよう》な存在感《そんざいかん》を放っていた。

（東京駅だ……）

赤いレンガ造《づく》りのレトロなデザインの建築《けんちく》の上に、大きなドームが乗っている。テレビで見たことがある東京駅が、まるで巨大《きょだい》な模型《もけい》となって高校の入り口に置かれているようだった。

その前には人だかりができていて、東京駅を背景《はいけい》に写真を撮《と》ったりしている。

（なんでこんなところに東京駅が？）

「入場手続が終わった方はこちらからお入りください！」

文化祭の法被《はっぴ》を着た生徒が誘導《ゆうどう》している。なんと、東京駅は入場門だったのだ。

（え、ただの入場門なのに、この力の入れようなの？）

入り口なんて看板《かんばん》でも十分なのに、と思っていた竜也《たつや》には衝撃的《しょうげきてき》な門だった。実《じっ》際《さい》にくぐってみると、レンガの一つひとつが丁寧《ていねい》に、細かいところまで手を抜《ぬ》かずに作られている。それだけではない。外からは見えない内装《ないそう》も装飾《そうしょく》がつまっていた。

これを作った誰《だれ》かの徹底的《てっていてき》なこだわりが肌《はだ》にびりびりと伝わってくる。

東京駅
大正３年に開業したレンガ造《づく》りの駅。太平洋戦争で一部焼失《しょうしつ》し、その後復旧《ふっきゅう》工事が行われた。２０１２年に開業当時の姿《すがた》に復原《ふくげん》された。

(この門を作った人たち、絶対《ぜったい》本気だ)

「今年の門もすごいなあ」

「毎年これが楽しみなんだよね」

通り過《す》ぎていく人たちは口々《くちぐち》に門を賞賛《しょうさん》している。

川越《かわごえ》高校は自主自律《じしゅじりつ》がモットーの学校だと兄が言っていた。何事も先生の力を頼《たよ》ることなく、自分たちでなんとかするのだと。この門も、高校生たちだけの力で作り上げたんだ。そう思うと、竜也《たつや》の心にふつふつと熱い気持ちが湧《わ》いてきた。

(おれも自分をぶつけられる何かに出会いたい)

竜也《たつや》はこの瞬間《しゅんかん》、川越《かわごえ》高校に入ることを決心した。

門見習い

3年後の高校1年生の春、竜也《たつや》は思い描《えが》いていた川越《かわごえ》高校に無事入学していた。

4月にさっそく、くすのき祭実行委員会の発足式が開かれ、竜也《たつや》は勇んでその式に参加した。委員会は生徒主体で運営《うんえい》されていて、先生はその場にいなかった。

（本当に学生だけでやってるんだ……！）

くすのき祭実行委員はさまざまな班《はん》で構成《こうせい》されている。

全班《はん》の統括《とうかつ》や運営《うんえい》を担当《たんとう》する小委員会をはじめ、特別装飾班《とくべつそうしょくはん》やイヴェント班《はん》、中後夜祭班《ちゅうこうやさいはん》、宣伝班《せんでんはん》、参加団体会場運営班《さんかだんたいかいじょううんえいはん》、そして門班《もんはん》と多岐《たき》にわたる。

実行委員は全体でおよそ300人いて、2日間の行事のためだけに、ここまでたくさんの人が関わっているんだと、竜也《たつや》は衝撃《しょうげき》を受けた。

くすのき祭実行委員の各班《はん》は希望すればどこにでも所属《しょぞく》することができるらしい。

どの班《はん》も魅力的《みりょくてき》だったが、やっぱり自分にとっては、1つの実体のあるものをみ

特別装飾班《とくべつそうしょくはん》
文化祭記念品の製作《せいさく》・販売《はんばい》、撮影《さつえい》スポットの製作《せいさく》、ポスターやパンフレットの製作《せいさく》、案内所の運営《うんえい》を行う。

イヴェント班《はん》
女装《じょそう》コンテストやバンド演奏《えんそう》など、ステージでのイヴェントの準《じゅん》備《び》・運営《うんえい》を行う。

んなの力を合わせて作っていく門《もん》班《はん》が一番かっこよく思えた。

（あの時見た門を、先輩《せんぱい》たちと作っていくんだ）

竜《たつ》也《や》は門《もん》班《はん》の一員として、くすのき祭に関わることを決めた。

門《もん》班《はん》の1年生は見習いだ。まずは先輩《せんぱい》からのこぎりの使い方を教わる。竜《たつ》也《や》ものこぎりを使ったことがなかったわけではないが、大きな木材をまっすぐに切るのは思いのほか難《むずか》しい。

「体の向きをこうやって切るとまっすぐ切れるんだ。体全体を使うようにすると、疲《つか》れにくいし、軸《じく》もぶれないよ」

「はい！」

周りには、自分と同じように慣《な》れない手つきで木材と格闘《かくとう》している1年生がいた。

「君も1年？」

「ああ、うん。木を切るのって意外と難《むずか》しいね」

「おれ野球やってたから力仕事は余裕《よゆう》かなって思ってたけど、それでもきついわ」

中後夜祭班《ちゅうこうやさいはん》
中夜祭と後夜祭の運営《うんえい》を行う。

宣伝班《せんでんはん》
近隣《きんりん》のお店に協賛店《きょうさんてん》になってもらうよう依頼《いらい》したり、ポスターを貼《は》ったり、ビラやティッシュを配って宣伝《せんでん》をする。

参加団体会場運営班《さんかだんたいかいじょううんえいはん》
クラスや部活動など文化祭に参加する団体《だんたい》の管理、備品《びひん》の管理、学校外の業者とのやりとりや、入場者のスリッパを管理する。

門班《もんはん》
文化祭の入場門を作る。

「へえ、おれはサッカーやってた。サッカー部入ろうと思ってたんだけど、何だか直感が働いて、今なぜかここにいるんだ。門を作るなんて他のところではできなそうじゃん？」

「わかる！　おれもさ、今しかできないことがやりたかったんだよね」

「そうそう！　老後になってもできることがやりたかったんだ」

「ごめん、それはわかんない」

竜也《たつや》は笑った。

（おもしろいヤツだな。でも、気が合う気がする）

その相手は田中慶治《たなかけいじ》といった。丸いメガネの奥《おく》で、好奇心旺盛《こうきしんおうせい》な目を光らせている。中学までの友だちとは違《ちが》った魅力《みりょく》を持っていそうな予感に竜也《たつや》はわくわくした。

「おれも、ここでしかできないことをやりたかったんだ」

竜也《たつや》たちの隣《となり》で真剣《しんけん》な顔つきで木を切っていた生徒が顔を上げた。

「せっかくの高校生活だからさ、悔《く》いのないようにしたいんだ」

「うん、そうだよな。おれも同じ気持ち」

竜也《たつや》が笑いかけると、その相手、関口玄貴《せきぐちげんき》もまたほほをゆるませた。

「ところでさ、あっちの人、木を切るのうまくない？」

慶治《けいじ》が目線を送ったほうには1年生なのにきれいな断面《だんめん》を出しているやつがいた。

「プロだ……」

「ん？　おれ？」

「めっちゃうまいね！　美術《びじゅつ》とか得意《とくい》なの？」

「うん、おれ小4くらいから門班《もんはん》に入りたかったんだよね。だから、学校の美術《びじゅつ》の時間とかもそのために使ってた」

「すげえ！」

「なんか、おれたちノリで入ったみたいな感じでごめん」

「でも、かなり忙《いそが》しいってわかってる門班《もんはん》に入ったってことは、きみたちも本気なんでしょ？　だったら違《ちが》いはないよ」

そう言って笑った彼《かれ》は、出原慧《いずはらけい》と名乗った。

（みんな熱い……！）

竜也《たつや》はやっぱり自分が門班《もんはん》を選んだという選択《せんたく》は間違《まちが》いじゃなかったと確信《かくしん》した。

ここには、何かに全力をかけられる仲間たちがいる。

「みんなで最高の文化祭にしようぜ。な！」

竜也《たつや》は反対隣《はんたいどなり》にいた１年生の肩《かた》を叩《たた》いた。

「あ、うん……」

その１年生、榊原大史《さかきばらたいし》はちょっと戸惑《とまど》ったようにうなずいた。


門班《もんはん》見習いとしての夏はあっという間にやってきた。初めての活動ばかりで、毎日驚《おどろ》きの連続だ。

「おーい！　お宝《たから》が来たぞ！」

先輩《せんぱい》たちの声に駆《か》け寄《よ》ってみると、高校の敷地《しきち》に大型《おおがた》トラックが止まっていた。

「おお、ありがてえ」

先輩《せんぱい》たちの顔は笑顔《えがお》だ。中にはよっぽどいい物が入っているらしい。

「なんだろうな？」

「わざわざトラックで運ぶなんて」

慶治《けいじ》と一緒《いっしょ》に固唾《かたず》をのんでトラックの扉《とびら》が開く様子を眺《なが》めていると、中から出てきたのは選挙で使う掲示板《けいじばん》だった。

「選挙のやつじゃん」

「こんなにたくさん、なんで？」

竜也《たつや》たちが目を丸くしていると、先輩《せんぱい》が教えてくれた。

「あれをバラして木材にするんだよ。それだけじゃなくて、掲示面《けいじめん》のパルプ紙は雨《あま》漏《も》りを防《ふせ》いだり、ステージに使ったり、めちゃくちゃ役に立つんだ」

「そうなんですね」

「門を作るにはとにかく木材がたくさん必要だからね。こうやって周りの自治体から毎年譲《ゆず》ってもらってるんだ」

「たしかに、木材全部買ってたら材料費《ざいりょうひ》やばそうだよな」

慶治《けいじ》がつぶやいた。竜也《たつや》もそれにうなずく。

「おれ、そこまで意識《いしき》してなかったわ。材料は勝手にそこにあると思ってた。冷静に考えたら、そんなはずないのに」

「そうだよな。自分たちの力でやるってことは、こういうことも自力で何とかしないといけないってことなんだよな」

竜也《たつや》は自分がまだ与《あた》えられる側に立っていたことに気づいて、少し恥《は》ずかしい気持ちになった。

「すごいな、先輩《せんぱい》たち」

たまたま隣《となり》にいた大史《たいし》に声をかける。大史《たいし》は少し驚《おどろ》いたような表情《ひょうじょう》を見せて、うなずいた。

「あ、ああ。そうだな。すごいな」

そして、がむしゃらに夏を過《す》ごし、初めての文化祭を迎《むか》えた。

出来上がった門を眺《なが》め、そこを通り過《す》ぎていく来場者の人たちを見ていると、今までに感じたことのない達成感がふつふつと湧《わ》いてくる。

(ああ、楽しかったなあ)

自分たちの横には、泣いている先輩《せんぱい》たちもいた。

（来年はおれもこうなるのかな……）

その時、ふと隣《となり》を向くと、大史《たいし》がいた。よく見ると目が涙《なみだ》ぐんでいる。

「え、そんなに!?」

「なんかさ、やり遂《と》げたなって思っちゃって。おれ、最初は門班《もんはん》にそこまでのめり込《こ》めなかったんだけど、みんなのがんばり見てたら夏前からスイッチ入っちゃって。で、今そのピークが来た」

大史《たいし》は潤《うる》んだ目で笑った。

「お前……！」

それを聞いて、竜也《たつや》ももらい泣きしそうになる。

「いやいや、来年はきっともっとすごいぞ。だって、今度は『おれたちの門』が作れるんだから！」

慶治《けいじ》が竜也《たつや》の肩《かた》を叩《たた》いた。

「そうだな。絶対《ぜったい》、おれたちにできる最高の門を作ろうぜ」

門《もん》班《はん》の班《はん》長《ちょう》として

9月の文化祭が終わった後、75代のくすのき祭実行委員会は解散《かいさん》した。2年生の先輩《せんぱい》たちはこれで多くの人が引退《いんたい》となり、残る人は小委員会に入る。小委員会以外の班《はん》は今の1年生が中心となって運営《うんえい》していくことになる。来年のくすのき祭の準《じゅん》備《び》はこの時点から始まる。

そのための引き継《つ》ぎが先輩《せんぱい》たちから行われた。

「おれは竜《たつ》也《や》に次の門《もん》班《はん》の班《はん》長《ちょう》になってもらいたいと思ってる」

「え、おれですか？」

門《もん》班《はん》にかける思いは人一倍であるという自負はあった。けれど、いざ自分が次の門《もん》班《はん》のみんなを取りまとめていくとなると、プレッシャーも感じる。本当におれに門《もん》班《はん》の班《はん》長《ちょう》が務《つと》まるんだろうか。

「いいじゃん、やりなよ。竜《たつ》也《や》はみんなのことよくわかってるし、適《てき》任《にん》だと思う」

班《はん》長《ちょう》
本土台（門の土台となる枠《わく》組《ぐ》み。木材で作る）の設《せっ》計《けい》や門《もん》班《はん》員《いん》の取りまとめを行う。

「そうかな？」

「おれはお前にならついていっていいと思ってるぜ」

慶治《けいじ》が竜也《たつや》の背中《せなか》を叩《たた》く。

「おれたちも最高の技術《ぎじゅつ》で竜也《たつや》をサポートするからさ」

慧《けい》や大史《たいし》、玄貴《げんき》もそう言ってうなずいた。

「ありがとう。じゃあ、おれがやらせてもらうよ」

竜也《たつや》は班長《はんちょう》となった。副班長《ふくはんちょう》には田中慶治《たなかけいじ》、塔班長《とうはんちょう》は榊原大史《さかきばらたいし》、前面班長《はんちょう》は出原《いずはら》慧《けい》、側背面班長《そくはいめんはんちょう》は関口玄貴《せきぐちげんき》、とみんな今年ともに門を作ってきた仲間たちだ。

（なんか燃《も》えてきた。きっとこのメンバーならすごい門が作れるぞ）

竜也《たつや》は、さっそく班《はん》のみんなとどんな門を作ろうか、と話し合いを始めた。

最初に決めるのはモチーフだ。門班《もんはん》の門は実在《じつざい》の建築《けんちく》を参考にして設計《せっけい》する。アイデアを募《つの》りつつ、全員の気持ちが惹《ひ》きつけられるようなモチーフを探《さが》していく。

そこで出てきたのが、ロシアのクルシャリフモスクだ。ロシアのカザン・クレムリンにあるイスラム教の礼拝堂《れいはいどう》で、イスラム教とロシア正教会が共存《きょうぞん》する象徴的《しょうちょうてき》

副班長《ふくはんちょう》
班長《はんちょう》の補佐《ほさ》。お金関係などの管理事務《じむ》作業を行う。

塔班長《とうはんちょう》
門班《もんはん》の内、本土台の上に乗る塔《とう》を担当《たんとう》する班《はん》の班長《はんちょう》。塔《とう》の土台を設計《せっけい》したり、塔班員《とうはんいん》に仕事の指示《しじ》を出してまとめる。

前面班長《はんちょう》
門班《もんはん》の内、正面から見て見える部分を設計《せっけい》する班《はん》の班長《はんちょう》。

側背面班長《そくはいめんはんちょう》
門の側面と背面《はいめん》の設計《せっけい》とデザインを担当《たんとう》する班《はん》の班長《はんちょう》。

な建物である。デザイン的にも、丸いドームの四方に細長く高い塔《とう》がそびえる様子が竜也《たつや》の心をわしづかみにした。

しかも、このモスクにはもう一つの物語が隠《かく》されていた。

実は、クルシャリフモスクは自分たちの3代前の門班《もんはん》が作ろうとして作ることが出来なかった門のモチーフだったのだ。2020年の7月、新型《しんがた》コロナウイルス感《かん》染症《せんしょう》の拡大《かくだい》の影響《えいきょう》でその年のくすのき祭は突然《とつぜん》の中止を余儀《よぎ》なくされた。

偶然《ぐうぜん》持ち寄《よ》ったモチーフ案の中に、先輩《せんぱい》たちの夢《ゆめ》の続きが残されていた。

(これは運命なのかもしれない)

竜也《たつや》と門班《もんはん》のメンバーはクルシャリフモスクをモチーフに選び、設計《せっけい》を始めた。

門を作る時には、本物をそのまま再現《さいげん》するわけではないので、設計《せっけい》で要素《ようそ》の取捨《しゅしゃ》選択《せんたく》を行っていく。細かすぎるところは簡略化《かんりゃくか》しつつ、その建物が持つ一番の魅《み》力《りょく》は余《あま》すところなく伝えられるような構造《こうぞう》を考えていく。

(ああ、早く実物を目にしたいな。そのためにもがんばらないと)

しかし、11月、予期せぬことで、その目標は叶《かな》わないこととなった。

順調に門の制作《せいさく》を進めていた門班《もんはん》の元に先生がやってきた。ふだん、先生が関わることはほとんどないため、竜也《たつや》は不思議に思った。

「どうしたんですか？　先生」

「残念ながら、今作ってるモチーフは使えない」

「え？　なんでですか！」

「きみたちも知ってると思うけど、戦争のことがあるから、文化祭としては慎重《しんちょう》にならざるを得《え》ない」

「そんな……」

原因《げんいん》はロシアの戦争だった。2022年の2月、ロシアがウクライナに侵攻《しんこう》を始め、その情勢《じょうせい》はまだ解決《かいけつ》の糸口《いとぐち》が見えていなかった。

竜也《たつや》たちに戦争を肯定《こうてい》する意図はないが、今の状況《じょうきょう》でロシアの建築《けんちく》を文化祭で発表することは、想定外のメッセージとして受け取られてしまう危険性《きけんせい》もある。

「建築《けんちく》に罪《つみ》はないのに……」

クルシャリフモスクは門班《もんはん》のみんなが夢《ゆめ》を見た魅力的《みりょくてき》な建築《けんちく》だ。しかし、くすのき祭には何百人もの生徒たちが関わっているし、1万人を超《こ》えるお客さんも訪《おとず》れる。そのことを考えると、くすのき祭を安全に実施《じっし》することの大切さもよくわかる。

竜也《たつや》はここ2か月のみんなのがんばりを頭に思い浮《う》かべながら苦しい決断《けつだん》をした。

「みんなごめん、設計《せっけい》からもう一度やり直さなくちゃいけない」

しかし、みんなの反応《はんのう》は予想したものとはちがっていた。

「まだ時間は残されてる。今よりもっといい門を考えるチャンスだと思おうぜ」

「こういう想定外なことがあると逆《ぎゃく》に燃《も》えるじゃん？」

慶治《けいじ》は逆境《ぎゃっきょう》にむしろ目を輝《かがや》かせているようだった。

みんな悔《くや》しいだろうに、こうやって自分を励《はげ》ましてくれている。班長《はんちょう》として、もっとみんなを引っ張《ぱ》れるぐらい、しっかりしないと。

「みんな、ありがとう……！」

再始動《さいしどう》

落ち込《こ》む間もなく、竜也《たつや》たちは新しい門のモチーフを探《さが》すところから再《ふたた》び始めた。

これまで候補《こうほ》としてリストアップしていた門に加え、世界中の建築《けんちく》から作りたいと思えるものを探《さが》していく。しかし、なかなかこれというものが見つからない。

冬休みはいつもなら忙《いそが》しく設計《せっけい》を詰《つ》めたり、実際《じっさい》に作れるところを作り出している時期なのに、モチーフが決められないために作業場の片《かた》づけぐらいしかすることができなかった。

(こんな状況《じょうきょう》で本当に間に合うのかな……)

街はクリスマスムードで浮《う》かれているのに、竜也《たつや》の心は不安でいっぱいだった。

そんな時、門班《もんはん》の1人がある写真を持って竜也《たつや》の元にやってきた。

「こんなのあったんだけど、どう思う?」

それは教会の写真だった。

「……良い」

一目見て、竜也《たつや》は一瞬《いっしゅん》でその魅力《みりょく》に引き込《こ》まれた。

「レンガの色がすごくきれいだし、何よりでかくて迫力《はくりょく》がある。見たことないけど、何ていう建物？」

「ポルトガル語でBasílica Nossa Senhora do Rosário de Fátimaっていうんだけど、日本語にするとロザリオの聖母《せいぼ》ファティマ大聖堂《だいせいどう》、かな？　検索《けんさく》しても日本語訳《やく》が出てこないんだ」

それはブラジルのサンパウロにあるカトリックの教会だった。

全体として直線で構成《こうせい》された壁面《へきめん》と屋根が堅牢《けんろう》な雰囲気《ふんいき》を感じさせる外観だが、大きな円形のステンドグラスと3つのアーチ状《じょう》の入り口によって、どことなく包みこむような優《やさ》しさをたたえている。加えて、クリーム色の壁《かべ》にピンク色のレンガが緻密《ちみつ》に積み重ねられているという色彩《しきさい》が、繊細《せんさい》でかわいらしい美しさを醸《かも》し出している。よく見ると、聖者《せいじゃ》の人形のような細かい装飾《そうしょく》も施《ほどこ》されていて、見れば見るほど魅力的《みりょくてき》な建築《けんちく》だった。

すぐに竜也《たつや》たち門班《もんはん》の幹部《かんぶ》は集まり、モチーフ決定の会議を行った。

「これ、すごくいいよ」

「おれ、この装飾《そうしょく》を再現《さいげん》してみたい」

前面班長《はんちょう》の慧《けい》がうなずく。

「塔《とう》で高さが出せるのがいいよな」

塔班長《とうはんちょう》の大史《たいし》の目も輝《かがや》いていた。

「そうだな。おれたちが作りたい、みんなの目を引くような迫力《はくりょく》のある大きな門になると思う。よし、これでいこう」

こうして、12月の終わり、クリスマスの時期に竜也《たつや》たち76代の門班《もんはん》は新たなモチーフを決めることができた。

ＯＢ会

門班《もんはん》では、卒業生たちが集まるＯＢ会が定期的に開かれている。

３月の会で、竜也《たつや》たちは次のくすのき祭で作る門の模型《もけい》をＯＢたちに見せ、意見をもらうことになっていた。

慧《けい》と大史《たいし》が設計《せっけい》アプリを使って３Ｄのモデルを作り、それを元に慧《けい》が中心となって実物の30分の１のサイズの模型《もけい》にしていた。しかし、今年はモチーフの再検討《さいけんとう》などがあった影響《えいきょう》で模型《もけい》の制作《せいさく》が遅《おく》れてしまっていた。

「やっとできた！」

模型《もけい》が完成したのはＯＢ会の当日だった。

「みんなありがとう！　今度ジュースおごるわ！　行ってくる！」

外はあいにくの雨。竜也《たつや》は模型《もけい》を濡《ぬ》れないようにビニール袋《ぶくろ》で包み、抱《かか》えながら商店街を走った。時間を確認《かくにん》する。この調子でいけば遅刻《ちこく》せずにすみそうだ。

その時、気が緩《ゆる》んでしまったのかもしれない。もしくは、雨のせいかもしれない。手からビニール袋《ぶくろ》が滑《すべ》り落ち、模型《もけい》が道路にこぼれ落ちてしまった。塔《とう》が地面に落ちた衝撃《しょうげき》で外れ、道を滑《すべ》っていく。

「待って！」

しかし、遅《おそ》かった。塔《とう》の一部が前から歩いて来た人に踏《ふ》み潰《つぶ》されてしまう。

(どうしよう。せっかくみんなが一生懸命《いっしょうけんめい》作ってくれたのに！)

「とにかく、部品だけでも集めよう！」

しかし、それは元の形をほとんど保《たも》っていなかった。

竜也《たつや》はびしょ濡《ぬ》れになった模型《もけい》を抱《かか》えて、OB会の会場へと急いだ。頭の中がぐるぐると回り、うまく考えを整理することができない。

(自分がなんとかしなければ。でも、模型《もけい》なしでどうやって？)

答えが出ないまま会場に着くと、すでにたくさんのOBが集まっていた。ガヤガヤというしゃべり声の中に笑い声が混《ま》じり、みんな楽しそうにしている。

「お、今年の門班《もんはん》が来たぞー！」

ＯＢの１人が竜也《たつや》に気づき、みんなの注目がこちらに集まる。

「あれ、どうした、それ？」

竜也《たつや》は血の気が引く思いがした。手にしていたのは模型《もけい》とはいいがたい代物《しろもの》。塔《とう》は右半分しか残っていないし、屋根もへこんでしまっている。

「えっと、これは……」

何か言わないと。

「今年のはすごい門だな！」

「あっはっは！　見たことない」

ＯＢたちはどっと笑い出した。笑ってくれたことで、竜也《たつや》の気持ちも少し緩《ゆる》む。

「少し壊《こわ》れちゃってるんですけど、左右対称《たいしょう》なんで想像《そうぞう》で補《おぎな》ってもらえれば……」

「少しじゃないだろ！」

突《つ》っ込《こ》みも入る中、竜也《たつや》は無我夢中《むがむちゅう》で門のプレゼンを終えた。

「いい門になりそうだな。本物は途中《とちゅう》で壊《こわ》さないようにな」

「はい！」

これは無事終わったと言えるんだろうか？　まだバクバクという心臓《しんぞう》の音を聞きながら、竜也《たつや》は椅子《いす》に腰《こし》を下ろした。

「よう、おつかれ」

話しかけてきてくれたのは73代の門班《もんはん》の班長《はんちょう》だった。73代といえば、竜也《たつや》たちが最初に作ろうと思っていたクルシャリフモスクを設計《せっけい》していた代だ。

「実はぼくたち、最初はクルシャリフモスクを作ろうとしてたんです」

「おお！　そうなの！」

「でも、戦争の影響《えいきょう》で結局中止にせざるを得《え》なくて……」

「たしかに、今年は難《むずか》しかったよな。でもさ、あの建築《けんちく》は作りたくなるよなあ」

「そうなんです！　あの、丸いドームと４つの塔《とう》がいいんですよね！」

「そうそう。あれ、実現《じつげん》したら絶対《ぜったい》インパクトがあったと思うんだよなあ」

話をしていると、気持ちが落ち着いてきた。改めて見回してみると、たくさんのOBが集まっている。門班《もんはん》に青春を捧《ささ》げてきた人たちだ。この人たちみんなが支《ささ》えてくれている。そう思うと、自分たちの門もきっと完成させられる気がしてきた。

門制《せい》作《さく》開始

4月に入り、竜也《たつや》たちは2年生になった。

「おれがこの学校に入ったのももう1年前か」

「あっという間だったな」

慧《けい》とキャッチボールをしながら何気ない会話を交《か》わす。門班《もんはん》のメンバーと過《す》ごす放課後の時間は、いつの間にか竜也《たつや》にとってかけがえのないものになっていた。

「どんな仲間が増《ふ》えるのか、楽しみだな」

新入生の希望に満ちた顔を見ていると、こっちまで新鮮《しんせん》な気持ちになってくる。

入学式のすぐ後に行われたくすのき祭実行委員会の発足式《ほっそくしき》には多くの1年生が参加してくれた。門班《もんはん》にも新しいメンバー47人が加わり、合計70人の大所帯となった。

(これだけの大人数をまとめるのは大変だぞ。今まで以上にがんばらないと)

竜也《たつや》は気合いを入れ直した。

去年、竜也《たつや》たちが先輩《せんぱい》から教わったように、今年の1年生にものこぎりの使い方から身につけてもらう。それと同時に、門の詳細《しょうさい》を設計《せっけい》しながら、選挙の掲示板《けいじばん》を解体《かいたい》し材料を集めていく。

6月になると、ついに本土台の仮組《かりぐ》みに入った。

ここからの作業の大まかな流れは、次のようなものだ。まず、本土台と塔《とう》土台を組み立てる。これがないと門は始まらない。次に、立体感を出すボックスを取りつけ、今年の門の特徴的《とくちょうてき》な形を出していく。同時に窓《まど》やゲート、レンガ、人形などの装飾《そうしょく》を並行《へいこう》して作り、最後にそれらを組み合わせて、全体を調整して門が完成する。

文化祭は9月の頭なので、なんとか7月中には土台を完成させておきたい。

熱い日差しが降《ふ》り注ぐ中、竜也《たつや》たちは汗《あせ》を流しながら、木材を切り、土台を組み立てていった。

本土台
門の土台となる枠組《わくぐ》み。木材で作る。

塔《とう》土台
本土台の上に載《の》せる、塔《とう》の土台。

夏休みに入り、門制作《せいさく》は更《さら》に加速する。まず、本土台の組み立てが完成し、うっすらとだが、現実《げんじつ》に門が立っている姿《すがた》がイメージできるようになってきた。

次に塔《とう》土台が完成し、門の高さは2階建ての建物と同じくらいの高さになった。

登って仰向《あおむ》けに寝《ね》っころがると空が近い。

目を閉《と》じると風に揺《ゆ》れるくすのきの葉の音が聞こえた。

(うわあ、気持ちいいなあ)

しかし、課題は残っていた。それは、レンガの作り方だ。ファティマ大聖堂《だいせいどう》はピンク色のレンガが美しい建築《けんちく》で、その再現度《さいげんど》によって門の魅力《みりょく》は大きく変わる。

去年使ったのりパネや、砂利《じゃり》にボンドを混《ま》ぜる方法でレンガを作ってみたが、実際《じっさい》にやってみるとどれも上手《うま》くいかなかった。

「このままじゃ本当にやばいな。でも、既製品《きせいひん》は絶対《ぜったい》使いたくないんだよなあ」

「だよなあ。自分たちの手で作らないと、おれたちの門じゃなくなる」

慶治《けいじ》が竜也《たつや》に賛同《さんどう》する。

「そうなんだよ、ここで手を抜《ぬ》いたら絶対後悔《ぜったいこうかい》する。でも、どうしたらいいんだ」

のりパネ
片面《かためん》に糊《のり》がついているスチレンボード。

先の見えない暗闇《くらやみ》に放り込《こ》まれたような気分になっている竜也《たつや》のところに、慧《けい》が目を輝《かがや》かせながらやってきた。

「ねえ、これちょっと見てくれない？」

慧《けい》がスマホを出すと、そこにはスタイロフォームを使ったレンガの作り方が動画で流れていた。その方法を使えばレンガのでこぼこもうまく作れそうだ。

「さっすが慧《けい》！　天才！」

「さっそくやってみようぜ」

はんだごてでレンガの溝《みぞ》を掘《ほ》り、かかとで踏《ふ》んでレンガ独特《どくとく》の凹凸《おうとつ》を出していく。

「うわ、でもこれ穴《あな》があいちゃうな。このままじゃ見栄《みば》えが悪くない？」

「それにはこれ使えないかな」

大史《たいし》がボンドに水を混《ま》ぜたものを用意して、穴《あな》に塗《ぬ》り始めた。

「ほら、穴《あな》を埋《う》められるし、乾《かわ》いたらちゃんと絵の具も乗ると思う」

「いける！　よく思いついたな、そんなの！」

竜也《たつや》は暗闇《くらやみ》に光が差し込《こ》んだのを感じた。あとは時間との勝負だ。

スタイロフォーム
ポリスチレン樹脂《じゅし》を板《いた》状《じょう》に加工したもの。断熱材《だんねつざい》などに使われる。

門の完成

そして、文化祭の当日。……門はまだ完成していなかった。

入場開始は朝9時30分。あと2時間くらいしか残されていない。

外にはもう、開場を待つお客さんたちが並《なら》びはじめていた。

「大史《たいし》、塔《とう》は大丈夫《だいじょうぶ》そう？」

「ああ、いける！　最高の塔《とう》ができそうだ」

塔班長《とうはんちょう》の大史《たいし》が細かい装飾《そうしょく》の最終調整をしながら答えた。

竜也《たつや》が門の背面《はいめん》に回ると、そこでは側背面班長《そくはいめんはんちょう》の玄貴《げんき》が窓《まど》をはめこんでいた。

「どのくらいで終わる？」

「あとちょっと！　絶対《ぜったい》終わらせる！」

門の前面では前面班長《はんちょう》の慧《けい》がレンガを配置していた。

「竜也《たつや》、こっちちょっときつい。でも、このやばさが楽しくなってきた」

「何言ってるんだよ、おれも手伝うぞ！」

日が昇《のぼ》りだんだんと暑くなってくる。汗《あせ》が流れるが拭《ぬぐ》っている時間が惜《お》しかった。

レンガをきれいに貼《は》り終え、周りを見渡《みわた》そうとした瞬間《しゅんかん》、誰《だれ》かが叫《さけ》んだ。

「完成した！」

それを聞いて竜也《たつや》の気持ちがふっとゆるんだ。

（ああ、終わったんだ）

くすのき祭開場の１時間前。８時30分のことだった。

クスノキの木もれ日を浴びて、門がきらきらと輝《かがや》いているように見える。

塔班《とうはん》の作った塔《とう》は高さ10・５ｍ。それを見上げていた大史《たいし》がつぶやいた。

「やっぱり、高い塔《とう》ってかっこいいよな」

「本当にな。こんなに大きいもの、おれたちだけの手で作っちゃったんだぜ」

「すごいよな、おれたち」

「装飾《そうしょく》もめちゃくちゃいいよ。細部まで手を抜《ぬ》いていないのが伝わってくる」

「竜也《たつや》と慧《けい》が作ったステンドグラスもかっこいいよ」

隣《となり》には慧《けい》がいて、満足そうに門を眺《なが》めていた。

「だってさ、慧《けい》。おれたちがんばったもんな」

「うん、それは自信を持って言えるよ」

前面には丸く大きなステンドグラスが、青と赤の美しいコントラストで存在感《そんざいかん》を放っている。今でも、自分の手がこんなにきれいなものを作り上げられたのが信じられないくらいだ。

門を通り抜《ぬ》けて背面《はいめん》を眺《なが》めてみる。側背面《そくはいめん》は窓《まど》がいいと竜也《たつや》は思っていた。１階に10個《こ》、２階に５個《こ》の窓《まど》が並《なら》び、７m近くある塔《とう》が６本並《なら》んだシルエットが美しい。

そこには、竜也《たつや》と同じように門を眺《なが》めている玄貴《げんき》がいた。

「きれいだな」

「ありがとう。側背面《そくはいめん》は外から見えにくいけど、だからこそ、本質《ほんしつ》が出る気がするんだ」

「そうだな。そこまで徹底的《てっていてき》にやるのがおれたちだよな」

「竜也《たつや》、ありがとう。おれ、悔《く》いを残さずやり切れたよ」

「うん、おれのほうこそ。みんなのおかげでやり切れた」

竜也《たつや》はもう一度正面に回って門を改めて見上げた。最後まで苦戦したピンク色のレンガが日に照らされてまぶしい。

「去年話したことだけどさ、覚えてる？」

慶治《けいじ》が門を見上げながら竜也《たつや》に話しかける。きっと、同じ事を考えている。

「ああ、おれたちの最高の門を作ろうって話だよな」

「できたな」

「うん、できた」

「あれ、泣いてる？」

「お前だって目が潤《うる》んでるぞ」

「当たり前だろ。こんなに熱い夏、今までなかったんだから」

開場時間になり、並《なら》んでいたお客さんたちが門をくぐり始めた。

みんな手にスマホやカメラを持ち、竜也《たつや》たちが作った門を写真に収《おさ》めている。

「今年の門、すごいねー」

「こんなところまで作り込《こ》んであるよ！」

「うわ、おっきい！」

（そうなんだよ、おれたち、こんなにすごい門を作ったんだ！）

竜也《たつや》は叫《さけ》び出しそうになるのをぐっとこらえて、門をくぐる人たちの笑顔《えがお》を見届《みとど》けた。

門班《もんはん》の長い歴史《れきし》の中に、おれたちは確《たし》かに自分たちの力で、大きな足跡《あしあと》を残した。

この想《おも》いは、きっと来年もそのまたずっと先も、生まれ続けていくんだ。


（文／近江屋一朗）

STORY. 5

くじけそうな時にきみがいた

三重《み》《え》県《けん》立《りつ》昴《すばる》学園高等学校　野球部

三重県多《た》気《き》郡《ぐん》大《おお》台《だい》町《ちょう》

堀田竜寿　Hotta Ryuju

野球部の部員。
慣《な》れない寮《りょう》生活でホームシックになる。

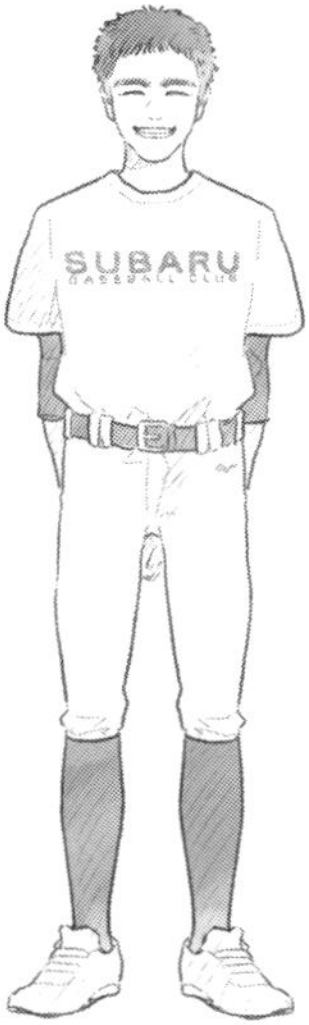

保田響希　Yasuda Hibiki

竜《りゅう》寿《じゅ》と同学年の野球部の部員。
将来《しょうらい》の夢《ゆめ》はパティシエ。

河田虎優希　Kawata Kouki

竜《りゅう》寿《じゅ》の2学年下の後輩《こうはい》。実力がある野球部の部員。

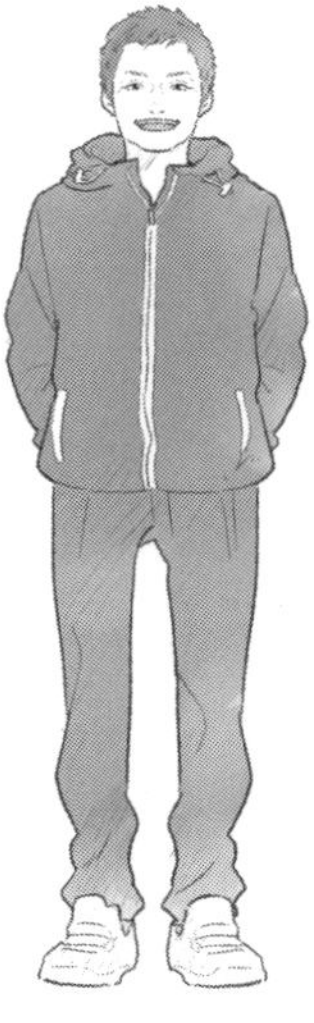

高橋賢　Takahashi Ken

体育の教師で野球部監督《かんとく》。

青木大斗　Aoki Hiroto

竜《りゅう》寿《じゅ》と仲のいい1学年下の後輩《こうはい》。
野球部の部員。

田舎《いなか》にある超《ちょう》弱小野球部

「はぁ……、名古屋に帰りたい……」

堀田竜寿《ほったりゅうじゅ》は寮《りょう》の窓辺《まどべ》でため息をついた。

夜空には満天の星空が広がっている。この寮《りょう》に入ったころは「うわぁ、きれいだな」と感動した絶景《ぜっけい》も、数日も経《た》てばすっかり見飽《みあ》きてしまった。むしろ周囲《しゅうい》に住宅《じゅうたく》がなく、人の気配がしないことに心細さがふくらんでいった。

「ここは遊ぶところもないし、何もなさすぎるんや……」

竜寿《りゅうじゅ》は愛知県名古屋市で生まれ育ち、中学校まで野球をプレーしていた。所属《しょぞく》していた東海中央ボーイズは甲子園球児《こうしえんきゅうじ》を輩出《はいしゅつ》するような強豪《きょうごう》チーム。ところが、中学1年時に足を骨折《こっせつ》する大怪我《おおけが》を負った竜寿《りゅうじゅ》は、ほとんど野球ができなかった。

同級生には名門校から熱烈《ねつれつ》なスカウトを受ける有望選手がいた。そんな仲間をうらめしそうに見つめながら、竜寿《りゅうじゅ》はグラウンドの隅《すみ》でトレーニングに明け暮《く》れた。

東海中央ボーイズ
日本少年野球連盟《れんめい》（ボーイズリーグ）に所属《しょぞく》する少年硬式《こうしき》野球チーム。

「本当はオレだってみんなに負けていないのに。野球がやりたくて仕方がない……」

そんなストレスをためる一方で、もう一つの問題があった。竜寿《りゅうじゅ》は勉強を大の苦手にしていたのだ。真面目《まじめ》な性格《せいかく》のため授業態度《じゅぎょうたいど》は問題なく、提出物《ていしゅつぶつ》も出している。それでも、テストの点数があまりにも低かった。成績表《せいせきひょう》に「一」の評価《ひょうか》がつくと両親から「このままでは行ける高校がなくなってしまうよ」と言われたが、危機感《ききかん》のない竜寿《りゅうじゅ》は聞き流していた。

結局、足の回復《かいふく》が遅《おく》れたこともあり、野球は丸2年間もプレーできなかった。野球での実績《じっせき》はゼロ。勉強も野球もうまくいかず、竜寿《りゅうじゅ》は真《ま》っ暗闇《くらやみ》をさまようように進路を考えなければならなかった。本来行きたかったはずの野球強豪校《きょうごうこう》には、将来《しょうらい》有望な同級生が進学することになっていた。

「オレはどこにも行けないんやろうか……」

そんな竜寿《りゅうじゅ》に、チームの関係者がある高校を紹介《しょうかい》する。三重県にある「昴《すばる》学園高校」という聞いたことのない高校だった。

まだ20代と若《わか》い高橋《たかはし》賢《けん》監督《かんとく》が東海中央ボーイズのグラウンドまで足を運んで、竜《りゅう》寿《じゅ》を熱心に勧誘《かんゆう》してくれた。行くあてのなかった竜寿《りゅうじゅ》は昴《すばる》学園への進学を決めたが、内心では「ほかに行ける高校がないんやから、しかたない」と思っていた。

いざ、昴《すばる》学園に行ってみると竜寿《りゅうじゅ》は言葉を失った。校舎《こうしゃ》がある多気郡《たきぐん》大台町《おおだいちょう》は周《しゅう》囲《い》を緑に囲《かこ》まれ、宮川《みやがわ》という大きな川が流れている。当然ながら、遊興施設《ゆうきょうしせつ》などあるはずがない。「自然豊《ゆた》か」と言えばその通りだが、「何もない田舎《いなか》」とも言い換《か》えられる。竜寿《りゅうじゅ》が住む愛知県と三重県は隣《とな》り合っているというのに、まるで別世界だった。

昴《すばる》学園は学校名だけを聞けば私立《しりつ》高校のようだが、実際《じっさい》には公立高校である。全校生徒のほとんどが寮《りょう》で生活する、公立校としては珍《めずら》しい学校だ。

1学年あたり80名と小規模《しょうきぼ》の募集《ぼしゅう》にもかかわらず、頻繁《ひんぱん》に定員割《ていいんわ》れをしていた。竜寿《りゅうじゅ》のように中学時代の学業成績《せいせき》が悪い生徒も多く、なかには素行不良《そこうふりょう》の生徒、人間関係がうまくいかなかった生徒もいた。

多くの生徒に共通していたのは、自分に自信がないこと。学校生活のなかで目標

大台町《おおだいちょう》
三重県中南部にある町。町の全域《ぜんいき》が「大台《おおだい》ヶ《が》原《はら》・大峯山《おおみねさん》・大杉谷《おおすぎだに》ユネスコエコパーク（生物圏保存地域《せいぶつけんほぞんちいき》）」の一部として登録されている。

を見つけられず、中退《ちゅうたい》する生徒も多かった。

竜寿《りゅうじゅ》が入部した野球部も「超《ちょう》」がつくほどの弱小チームだった。夏の甲子園《こうしえん》へとつながる夏季三重大会では、14年連続で初戦敗退《はいたい》。部員数も少なく、1年生部員はマネージャーを含《ふく》めて5人しかいなかった。「甲子園《こうしえん》出場」という大きすぎる目標の前に、まずは「三重大会1勝」という悲願があった。

高橋監督《かんとく》が県内外の中学野球チームで勧誘《かんゆう》に走り回っても、入学してくるのは実《じっ》績《せき》がない控《ひか》え選手ばかり。だからこそ、中学時代に試合出場はおろか、練習すらできなかった竜寿《りゅうじゅ》でも入学できたのだ。

慣《な》れない寮生活《りょうせいかつ》も、竜寿《りゅうじゅ》のホームシックに輪をかけた。放課後に野球部の練習が終わると、寮生《りょうせい》はユニホームの洗濯《せんたく》、大浴場への入浴、食堂《しょくどう》での夕食、ユニホームの乾燥《かんそう》、食堂《しょくどう》に集合しての点呼《てんこ》……と時間に追われる。慌《あわ》ただしい生活ぶりに、竜《りゅう》寿《じゅ》は「今は何時なんだろう？」と時間の感覚すら失っていた。

中学までは親がやってくれた洗濯《せんたく》も、自分がやらなければ誰《だれ》も洗《あら》ってくれない。週末に遠征《えんせい》が入ると、金曜日の夜は自由時間が削《けず》られてしまう。竜寿《りゅうじゅ》は肉体的にも精神的《せいしんてき》にも追い込《こ》まれていた。気がつけば、中学時代に89kgあった体重は、高校生活で71kgまで減《へ》ってしまっていた。

「キツイ……。実家に帰りたい……」

竜寿《りゅうじゅ》が何度も漏《も》らしたため息は、大台町の夜空へと溶《と》けていった。

竜寿《りゅうじゅ》は1年生ながらチームの4番打者を任《まか》される。だが、4番打者がホームシックに悩《なや》むチームが勝てるほど、高校野球は甘《あま》い世界ではなかった。

夏の三重大会1回戦は、南《みなみ》伊《い》勢《せ》高校の前に2対10の8回コールド負け。夏の連敗を15に更新《こうしん》してしまった。

コールド
高校野球地方大会では、5回以降《いこう》で10点以上、7回以降《いこう》で7点以上の差がついている場合、審判員《しんぱんいん》によりコールドゲームが適用《てきよう》されて、試合終了《しゅうりょう》となる。

辞《や》めるわけにはいかない理由

（野球部を辞《や》めたい……）

そんな思いを胸《むね》に秘《ひ》め、重い足取りでグラウンドに向かう1年生部員がもう1人いた。それが保田響希《やすだひびき》である。

昴《すばる》学園野球部の1年生部員は日を追うごとに減《へ》っていき、竜寿《りゅうじゅ》以外では響希《ひびき》だけになっていた。

響希《ひびき》は昴《すばる》学園で数少ない自宅《じたく》からの通学生であり、地元の大台町立宮川中学校の卒業生だった。中学時代、自宅《じたく》から自転車で学校へと通う道すがら、昴《すばる》学園の校庭が目に飛び込《こ》んでくる。当時の野球部員はわずか7人ほどだったが、響希《ひびき》の目には魅力的《みりょくてき》に映《うつ》った。

「人数は少なくても、みんな元気で楽しそう。ここで野球をやったら、楽しそうやな……」

　といっても、響希《ひびき》は野球の技術《ぎじゅつ》に自信があるわけではない。宮川中の野球部ではファーストを守っていたが、３年生は響希《ひびき》の１人だけ。公式戦は隣町《となりまち》の中学校と連合チームを組んで出場していた。

　誰《だれ》もが捕《と》れそうなボールが、響希《ひびき》の構《かま》えたファーストミットの上を抜《ぬ》けていくこともあった。おとなしく人見知りのため、「１人だと怖《こわ》いから」という理由で、友達につき添《そ》ってもらわないと昴《すばる》学園の学校見学にも行けないほどだった。

　将来《しょうらい》の夢《ゆめ》は「パティシエになること」。介護士《かいごし》として働く母の帰りが遅《おそ》かったこともあり、幼少期《ようしょうき》から夕食を自分で作る習慣《しゅうかん》が身についていた。料理は食べるのも作るのも好きで、とくにケーキ作りに興味《きょうみ》があった。

　昴《すばる》学園には「環境技術系列《かんきょうぎじゅつけいれつ》」という学科があり、農業や野菜作りについて学ぶことができる。響希《ひびき》は「ここで勉強すれば、調理系《ちょうりけい》の道に進んだ時に生かせるかもしれない」と考えた。

　そうして昴《すばる》学園に入学した響希《ひびき》だったが、野球部に入部早々《そうそう》つまずいた。中学までの軟式《なんしき》野球から硬式《こうしき》野球に変わり、今まで以上にバウンドが低く、速く感じられる。捕《と》り損《そこ》なうと硬《かた》いボールが体にめり込《こ》み、激痛《げきつう》が走る。

「硬球《こうきゅう》は体に当たると痛《いた》いな……」

響希《ひびき》はすっかり恐怖心《きょうふしん》を覚えてしまった。そして、試練は練習後も続いた。

「はぁ……。チャリ（自転車）は体力を削《けず》られるな……」

自宅《じたく》からの自転車通学に音《ね》を上げた。ただでさえ野球部の練習についていくので精《せい》いっぱいなのに、帰り道のペダルはいっそう重く感じられた。

野球部を辞《や》めたい――。そんな思いを抱《いだ》く響希《ひびき》にとって、竜寿《りゅうじゅ》は「すごいヤツ」だった。

昴《すばる》学園に入って初めての練習試合。１年生ながら試合に出場した竜寿《りゅうじゅ》は、いきなりホームランを放った。ケガのため中学１年以来の試合出場にもかかわらず、竜寿《りゅうじゅ》は「何も考えずに、思い切り振《ふ》っていこう」とバットを振《ふ》り抜《ぬ》いたのだ。ベンチでこのシーンを見守っていた響希《ひびき》は、衝撃《しょうげき》を受けた。

（初めての試合でいきなりホームランを打つなんて……。竜寿《りゅうじゅ》はすごいな！）

実力に差はあっても、野球好きという共通点でつながっている。響希《ひびき》と竜寿《りゅうじゅ》はすぐに仲のいい友人になった。

2人はプロ野球の話をよくした。スマートフォン用野球ゲームの『プロ野球スピリッツA《エース》』の話題でも盛《も》り上がった。

2人きりになると、竜寿《りゅうじゅ》と響希《ひびき》はどちらからともなくこう語り合った。

「オレたち2人だけやけど、一緒《いっしょ》にがんばっていこう」

そう約束した以上、響希《ひびき》は野球部を辞《や》めるわけにはいかなかった。

冬場には厳《きび》しいトレーニングが待っていた。竜寿《りゅうじゅ》も響希《ひびき》もランメニューを大の苦手にしていた。とくに制限《せいげん》タイム内に走りきらなければならないシャトルランは、地獄《じごく》のように感じられた。

「きつい……。早く終わってほしい……」

心のなかでそう嘆《なげ》きながらも、竜寿《りゅうじゅ》がぜいぜいと息を吐《は》きながら立ち上がる姿《すがた》を見て、響希《ひびき》は「自分もついていかなきゃ」と奮《ふる》い立った。

苦しかった冬が過《す》ぎ、春がやってくる。竜寿《りゅうじゅ》と響希《ひびき》は高校2年目を迎《むか》えようとしていた。

ランメニュー
走ることを使った練習方法の組み合わせ。

シャトルラン
往復持久走《おうふくじきゅうそう》のこと。スポーツ庁《ちょう》が実施《じっし》する全国体力テストの項目《こうもく》の一つ。

屈辱《くつじょく》の16連敗

翌春《よくしゅん》、昴《すばる》学園野球部には17人の新入部員が入ってきた。高橋監督《かんとく》の熱心な選手勧誘《かんゆう》が実ったのだ。2年生に進級した竜寿《りゅうじゅ》と響希《ひびき》は「3年生が引退《いんたい》したら試合ができなくなるのか?」と不安を感じていただけに、一安心だった。

部員数は増《ふ》えたとはいえ、中学時代に有名だった選手がいるわけではない。そのなかのひとり、青木大斗《あおきひろと》も愛知県の知多東浦《ちたひがしうら》シニアの控《ひか》えキャッチャーだった。身長180㎝の長身ながら、体の線が細く、自分に自信が持てないメンタリティーの持ち主。典型的《てんけいてき》な昴《すばる》学園の生徒というムードがあった。

響希《ひびき》は高校教師《きょうし》をしていた祖母《そぼ》から、「昴《すばる》学園はずっと夏の大会に勝っていないのよ」と聞かされていた。自分たちの力で不名誉《ふめいよ》な連敗をストップさせたい。それは昴《すばる》学園野球部員の誰《だれ》もが強く願っていることだった。

勝負の夏の三重大会1回戦、相手は県内屈指《くっし》の進学校である四日市《よっかいち》高校に決まっ

知多東浦《ちたひがしうら》シニア
日本リトルシニア中学硬式《こうしき》野球協会に所属《しょぞく》する少年硬式《こうしき》野球チーム。

た。先発投手を任《まか》されたのは、1年生の大斗《ひろと》である。

「ボールの遅《おそ》い自分がピッチャーで大丈夫《だいじょうぶ》かな……」

そう不安がる大斗《ひろと》を響希《ひびき》はベンチでソワソワしながら見つめていた。響希《ひびき》は1年生に押《お》し出される形で、レギュラーから外れていた。響希《ひびき》にできることは、ベンチから仲間たちを励《はげ》ますことだけだった。

大斗《ひろと》の不安は、現実《げんじつ》のものになる。4回までに9点を奪《うば》われ、投手交代。2番手として竜寿《りゅうじゅ》がマウンドに上がったが、3失点と四日市《よっかいち》高校の猛攻《もうこう》を止められなかった。試合は5対12の7回コールド負け。とうとう連敗は16に伸《の》びた。

「僕《ぼく》は絶対《ぜったい》にピッチャーに向いてない。もう一生やりたくない……」

そう言って涙《なみだ》を流す大斗《ひろと》を響希《ひびき》は複雑《ふくざつ》な思いで見つめていた。

パティシエ志望者《しぼうしゃ》の憂鬱《ゆううつ》

「試合に出たい……」

そんな思いを胸《むね》に刻《きざ》みながら、響希《ひびき》はバットを振《ふ》り続けた。

当初17人入部した1年生は13人まで減《へ》っていたが、実力で劣《おと》る響希《ひびき》にとってレギュラーの座《ざ》は遠く感じられた。練習試合でも、出番が来るのは控《ひか》え選手中心で組まれる2試合目だけ。休まずに練習に出ていても、上達するスピードが遅《おそ》い。響希《ひびき》は自分の才能《さいのう》のなさに絶望《ぜつぼう》した。

「もう、心が折れそう……」

そう思いかける響希《ひびき》だったが、周りにはいつも仲間がいた。夏の大会を終えて引退《いんたい》した3年生が、響希《ひびき》のためにバッティングピッチャーを買って出てくれた。自主練習をしていると、「先輩《せんぱい》の思いに応《こた》えたい」という思いが芽生えてきた。

そして、苦しい時は竜寿《りゅうじゅ》が声をかけてくれた。

「次は最上級生やから、2人でがんばっていこう！」

秋の新チームから竜寿《りゅうじゅ》はキャプテンになっていた。プレーでは力になれなくても、同級生として竜寿《りゅうじゅ》を助けたい。響希《ひびき》はそう思うようになっていた。「野球部を辞《や》めたい」という思いは絶《た》えず頭の片隅《かたすみ》にあったが、その思いを家族にも明かすことはなく、毎日グラウンドへと足を向け続けた。


人見知りな自分を変えるため、1年生に話しかける努力もしてみた。

（自分から話しかけないと、誰《だれ》とも仲良くなれないんやから……）

最初はぎこちないやりとりだったかもしれない。それでも、響希《ひびき》が勇気を持って話しかけていくと、1年生は次第《しだい》に心を開き始めた。

「将来《しょうらい》はお菓子《かし》を作る仕事につきたいんや」

そんな意外性《いがいせい》たっぷりの夢《ゆめ》を語ると、1年生の大斗《ひろと》はびっくりした表情《ひょうじょう》を見せた。

響希《ひびき》は大斗《ひろと》とグラウンド内外でじゃれ合う関係性《かんけいせい》を築《きず》いていく。

響希《ひびき》は自分の内面が変わっていくのを実感していた。

（中学まではうまくいかないことがあると、すぐにあきらめてしまってばかりいたけど、高校では投げ出さずにできることは増《ふ》えてきたな。きついことを乗り越《こ》えた時、人間はひと回り強くなれるものなんだな……）

たとえ試合には出られなくても、自分は間違《まちが》いなく成長している。響希《ひびき》は上級生になって、少しずつ自信を深めていった。

さらば、ホームシック

1年生がたくさん入るということは、寮《りょう》が賑《にぎ》やかになることを意味する。とはいえ、シャイな性格《せいかく》の竜寿《りゅうじゅ》はムスッと押《お》し黙《だま》った態度《たいど》を取ってしまう。野球部の寮生《りょうせい》としては、たった1人の2年生。「しっかりしなければ」という思いが、力みにつながってしまったのかもしれない。

竜寿《りゅうじゅ》は黙々《もくもく》と自分の洗濯物《せんたくもの》を取り込《こ》み、明日の準備《じゅんび》に取りかかる。その様子を入《にゅう》寮《りょう》したばかりの1年生が、「ちょっと怖《こわ》そうだな……」と遠巻《とおま》きに見つめる。そんな関係性《かんけいせい》がしばらく続いた。

最初に壁《かべ》を打ち破《やぶ》ってきたのは、1年生の大斗《ひろと》だった。風呂場《ふろば》で「明日、堀田《ほった》さんの取材があるみたいっすよ!」などと軽口を叩《たた》く大斗《ひろと》に、竜寿《りゅうじゅ》は「だまれ!」とツッコミを入れる。年下にもかかわらず、「堀田《ほった》さんはツンデレでかわいい」と平気でイジってくる大斗《ひろと》に竜寿《りゅうじゅ》は親近感を覚えた。

大斗《ひろと》ら後輩《こうはい》たちと寮生活《りょうせいかつ》を送っていると、竜寿《りゅうじゅ》は自分があれほど苦しめられたホームシックがきれいさっぱりとなくなっていたことに気づいた。

夜の自由時間になると、竜寿《りゅうじゅ》は幾千《いくせん》もの星がまたたく下で後輩《こうはい》たちとバットを握《にぎ》って素振《すぶ》りに励《はげ》んだ。

「こいつらと素振《すぶ》りをしたり、話したりしている時間が楽しいな……」

大自然に囲《かこ》まれた大台町で、昴《すばる》学園の野球部員たちは少しずつたくましくなっていった。

「スーパー1年生」の入学

竜寿《りゅうじゅ》と響希《ひびき》が3年生になると、「伝説の監督《かんとく》」とよばれた先生が白山《はくさん》高校から昴《すばる》学園へ異動《いどう》してきた。

その先生が監督《かんとく》を務《つと》めた白山は、三重大会で10年連続初戦敗退《はいたい》していたほどの弱小校だった。ところが、5年前の夏、白山高校は強豪校《きょうごうこう》を次々《つぎつぎ》に破《やぶ》り、甲子園《こうしえん》初出場を果たす。学業にも野球にも自信を持てない白山高校の選手たちは「日本一の下《げ》剋上《こくじょう》」というスローガンで奇跡《きせき》を起こした。また、その先生は高橋監督《かんとく》の高校時代の恩師《おんし》であり、その時も三重大会ベスト4という好成績《こうせいせき》を残している。

白山高校で教師《きょうし》をしていた祖母《そぼ》からその先生の話を聞いていた響希《ひびき》とは対照的に、キャプテンの竜寿《りゅうじゅ》は愛知県出身ということもあり、彼《かれ》の存在《そんざい》を知らなかった。

「なんや、怖《こわ》そうな先生やなぁ……」

「伝説の監督《かんとく》」は赴任《ふにん》したばかりということもあって、まずは副部長としてチーム

日本一の下剋上《げこくじょう》
白山高校の甲子園《こうしえん》出場は話題になり、2023年には、白山高校の活躍《かつやく》をモデルとしたテレビドラマ『下剋上球児《げこくじょうきゅうじ》』も放映《ほうえい》された。

を指導《しどう》することになった。高橋監督《かんとく》が夏まで監督《かんとく》を続けることになり、竜寿《りゅうじゅ》はこんな強い決意を胸《むね》に刻《きざ》んでいた。

「自分が昴《すばる》学園に来たのは、高橋先生が声をかけてくれたからこそ。担任《たんにん》の先生としてもずっと近くでお世話になってきたんやから、何とか最後に恩返《おんがえ》ししたい……」

副部長が加わった昴《すばる》学園は、ますます厳《きび》しい練習に打ち込《こ》むようになった。練習中は厳《きび》しくとも、練習が終わると2人とも気さくに話しかけてくれる。選手たちはチームの雰囲気《ふんいき》が変わっていくのを感じ取っていた。

「伝説の監督」の異動《いどう》で沸《わ》いたのはグラウンド内だけではない。大台町に住む人々《ひとびと》の昴《すばる》学園野球部への期待は今まで以上に高まっていた。以前からグラウンドを通りかかる地域《ちいき》住民から「がんばってね」と声をかけられることがあったが、練習試合になると多くの人々《ひとびと》が応援《おうえん》に訪《おとず》れるようになった。地域《ちいき》住民によって結成された「昴《すばる》学園野球部を応援《おうえん》する会」は、会員が200名を超《こ》えた。

さらに時を同じくして、1年生は20人が野球部に入部してきた。そのなかには、愛知県の強豪《きょうごう》クラブ・愛知木曽川《きそがわ》ベースボールクラブで主力選手だった河田虎優希《かわたこうき》もいた。

虎優希《こうき》は東京の甲子園常連校《こうしえんじょうれんこう》からスカウトされるほどの実力者だった。それでも昴《すばる》学園を進学先に選んだのは、「甲子園《こうしえん》に何度も出ている学校に行くんじゃなくて、昴《すばる》学園の歴史《れきし》を変えたい」という理由があったからだ。

中学時代には全国大会で４番打者を務《つと》めたほどの強打者だったが、昴《すばる》学園では「ピッチャーをやりたい」と投手に転向。入学してすぐ、虎優希《こうき》はチームのエースになる。

今までの昴《すばる》学園にはいなかったエリート。それでも、ユニホームを脱《ぬ》げば、虎優《こう》希《き》も無邪気《むじゃき》な高校１年生だった。夜の自由時間になると、虎優希《こうき》は２学年上の竜寿《りゅうじゅ》の部屋に入り浸《びた》るようになった。

「堀田《ほった》さんの部屋、Ｗｉ《ワイ》－Ｆｉ《ファイ》が入りやすいから……」

そう言って入室する虎優希《こうき》を竜寿《りゅうじゅ》は歓迎《かんげい》した。スマホゲームの『プロ野球スピリッツＡ《エース》』を楽しみ、談笑《だんしょう》する。親しくなるにつれ、「このやり方、どうやってやん

愛知木曽川《きそがわ》ベースボールクラブ
日本ポニーベースボール協会に所属《しょぞく》する少年硬式《こうしき》野球チーム。

の？」とタメ口をきくようになった虎優希《こうき》に対して、竜寿《りゅうじゅ》は「こいつは愛すべきバカやな」と同学年の友達のようにつき合った。

虎優希《こうき》は寮生《りょうせい》ではない響希《ひびき》とも親しくなっていき、グラウンド整備中《せいびちゅう》にじゃれ合うようになった。

先輩《せんぱい》・後輩《こうはい》の壁《かべ》がなく、ふだんは仲良く過《す》ごす部員たちだが、大事な目標を忘《わす》れてはいなかった。夏の三重大会の連敗ストップ。その第一歩を踏《ふ》み出すために、彼《かれ》らは夏の大会に向けて汗《あせ》を流し続けた。

大スランプからの復活《ふっかつ》

「バットに当たらん……。なんでや……」

3年生になった春から、竜寿《りゅうじゅ》は大スランプに苦しんでいた。2年生の秋まで4番打者として活躍《かつやく》してきたが、思うような結果が出なくなると打順はどんどん下がっていった。

竜寿《りゅうじゅ》にはスイング時に体が突《つ》っ込《こ》むクセがあり、体が突《つ》っ込《こ》まないように意識《いしき》すればするほど、自分のスイングを見失っていく悪循環《あくじゅんかん》に陥《おちい》った。どのピッチャーと対戦しても、「タイミングが合っていない感じがする……」と打てる気がしない。キャプテンにもかかわらず、結果を残せない自分が情《なさ》けなかった。

「もう、野球を辞《や》めようかな……」

そんな思いが再《ふたた》び頭をもたげてくる。それでも、ここまで指導《しどう》してくれた高橋監《かん》督《とく》や、「きつかったら実家に帰ってきていいんだよ」と温かく見守ってくれた家族を裏切《うらぎ》るわけにはいかなかった。そして何よりも、どんなに苦しい思いをしても、竜寿《りゅうじゅ》のなかで「野球が好き」という思いが消えることはなかった。

竜寿《りゅうじゅ》はグラウンドで黙々《もくもく》とバットを振《ふ》る響希《ひびき》を見つめた。相変わらず試合出場のチャンスは限《かぎ》られていたが、響希《ひびき》は努力を続けていた。

「響希《ひびき》ががんばっているんやから、オレもがんばろう」

そうつぶやいて、竜寿《りゅうじゅ》は再《ふたた》びバットを握《にぎ》りしめるのだった。


三重大会1回戦の相手は、桑名《くわな》工業高校に決まった。春の三重大会ではベスト16に食い込《こ》み、強豪校《きょうごうこう》を相手に接戦《せっせん》を演《えん》じた強敵《きょうてき》である。

「何としても連敗を止めて、自分たちで歴史《れきし》を作るんだ！」

高橋監督《かんとく》は毎日のように選手たちに熱く語りかけた。その思いは、選手たちも同じだった。

1回戦の試合前日、竜寿《りゅうじゅ》はバッティング練習中に今までにない感覚をつかむ。

「体が突《つ》っ込《こ》まないように、右足にずっと力を入れておいたらどうやろう？」

右打者の竜寿《りゅうじゅ》が右足に力を入れた状態《じょうたい》にすると、左足でステップを踏《ふ》んでも重心が右足に残ったままになる。すると、竜寿《りゅうじゅ》のバットから快音《かいおん》が響《ひび》くようになった。

「これでいけるんちゃうか？」

竜寿《りゅうじゅ》の視界《しかい》にパッと光が差し込《こ》んできた。いい感触《かんしょく》を残して、竜寿《りゅうじゅ》は桑名《くわな》工業高校との決戦に臨《のぞ》んだ。

7番・サード。それが竜寿《りゅうじゅ》に与《あた》えられた役割《やくわり》だった。もう4番打者ではないが、そんなことはどうでもよかった。ベンチで声をからす響希《ひびき》の姿《すがた》を見ると、力がみなぎってくるようだった。

「右足に力を入れて、前に突《つ》っ込《こ》まないように……」

練習通りにバットを振《ふ》ると、打球はレフトへと飛んでいった。2人のランナーを還《かえ》すタイムリーヒット。竜寿《りゅうじゅ》の一打で勢《いきお》いに乗った昴《すばる》学園は、1回表から3得点《とくてん》を奪《うば》う。2回にも3点、4回にも2点を重ね、4回までに8対1とリードを広げた。

ところが、昴《すばる》学園にハプニングが発生する。好投していた1年生エースの虎優希《こうき》の足がつってしまったのだ。

「1回戦から倒《たお》れてもいい！」

そんな強い思いを持ってマウンドに上がっていた虎優希《こうき》だったが、6回にもう1点を失ったところでファーストのポジションに回った。それでも、キャプテンの竜《りゅう》寿《じゅ》は「焦《あせ》ることはない」と仲間たちに声をかけた。

チームメートを見渡《みわた》してみる。響希《ひびき》も大斗《ひろと》も、「練習通りやれば勝てる」と自信に満ちあふれた表情《ひょうじょう》をしている。誰《だれ》もが「オレたちが昂《すばる》学園の歴史《れきし》を変えるんだ」という強い意志《いし》を持って戦っていた。

8対3。9回裏《うら》2アウトから最後のアウトを取ると、昂《すばる》学園の選手たちはグラウンドで感情《かんじょう》を爆発《ばくはつ》させた。17年ぶりの三重大会勝利。ようやく連敗を止め、1勝をつかみ取ったのだ。

応援《おうえん》スタンドにあいさつに向かった竜寿《りゅうじゅ》は、目の前の光景に言葉を失った。

スタンドに陣取《じんど》る控《ひか》えの野球部員たち、応援《おうえん》に来てくれた保護者《ほごしゃ》、昂《すばる》学園の在校《ざいこう》生、OB・OG、そしてふだんからあいさつを交《か》わしてきた大台町の人々《ひとびと》が涙《なみだ》を流して喜《よろこ》んでくれている。

「ここまですごく苦しかったけど、こんなに喜《よろこ》んでもらえて、がんばってきてよかったな……。名古屋に帰りたくなった時もあったけど、帰らなくて本当によかった。自分にとって大台町が、もう一つの地元になった気がする」

そして、隣《となり》に並《なら》ぶ響希《ひびき》の横顔を見ながら、竜寿《りゅうじゅ》はこんな思いを抱《いだ》いた。

（響希《ひびき》がいたから、ここまでがんばれた。おまえは一生の仲間や……）

昴《すばる》学園野球部が踏《ふ》み出した一歩

桑名《くわな》工業戦で最後まで出場がなかった響希《ひびき》も、喜《よろこ》びをかみしめていた。

「自分が出られなかった悔《くや》しさより、チームが勝てた喜《よろこ》びのほうが大きいんだな。知り合いがみんな喜《よろこ》んでくれて、本当によかった……」

続く2回戦で、昴《すばる》学園は久居《ひさい》農林高校に4対5で逆転《ぎゃくてん》負けを喫《きっ》した。敗退《はいたい》直後、この日も出番がなかった響希《ひびき》は言葉が出ないほどの悔《くや》しさが込《こ》み上げてきた。

「ギリギリのところで粘《ねば》り勝てなかった……。接戦《せっせん》で粘《ねば》り勝てるチームになれれば、昴《すばる》学園はもっともっと強くなるはずや……」

もはや1勝をして喜《よろこ》ぶようなチームではなくなった。昴《すばる》学園野球部は本気で「甲《こう》子《し》園《えん》」という目標に向かって走り出した。

竜寿《りゅうじゅ》と響希《ひびき》、2人の高校野球は終わった。大会が終わった後も2人は大台町の地《ち》域《いき》住人とすれ違《ちが》うたびに「がんばったね」とねぎらいの言葉をかけられた。竜寿《りゅうじゅ》は野球を続けるため大学へ、響希《ひびき》はパティシエを目指すため調理師専門学校《ちょうりしせんもん》へと進む。

野球部を引退後《いんたいご》、響希《ひびき》はケーキを自作しては、高橋監督《かんとく》に試食をしてもらった。タルトの生地《きじ》から丁寧《ていねい》に作り、チーズケーキに仕上げていく。いろんな人に食べてもらって、感想を聞きたかったのだ。

高橋監督《かんとく》は秋から部長に回り、変わらず野球部を指導《しどう》していた。翌春《よくしゅん》には異動《いどう》のため新たな高校に移《うつ》ることが決まっていた。

「おぉ、おいしいな！」

喜《よろこ》ぶ高橋監督《かんとく》の表情《ひょうじょう》を見たくて、響希《ひびき》はますますケーキ作りに没頭《ぼっとう》していった。

響希《ひびき》は高校生活を振《ふ》り返り、しみじみと実感している。

(竜寿《りゅうじゅ》がいなければ、野球部を3年間も続けられなかったな……)


2人が卒業した後の春。昴《すばる》学園は驚《おどろ》くべき快進撃《かいしんげき》を見せる。

新しいキャプテンには大斗《ひろと》がつき、エースの虎優希《こうき》はさらに成長。強豪校《きょうごうこう》を次々《つぎつぎ》に破《やぶ》り、春季三重大会で3位に輝《かがや》いたのだ。3位決定戦では春のセンバツ甲子園《こうしえん》に

センバツ甲子園《こうしえん》
正式名称《めいしょう》は選抜《せんばつ》高等学校野球大会。毎年、春に開催《かいさい》される高校野球の全国大会。

出場した宇治山田《うじやまだ》商業高校を撃破《げきは》する大金星を挙げている。

キャプテンとして報道陣《ほうどうじん》に囲《かこ》まれた大斗《ひろと》は、「昴《すばる》学園はどうすれば下剋上《げこくじょう》できると思いますか？」という質問《しつもん》に、胸《むね》を張《は》ってこう答えている。

「しんどいこと、苦しいことから逃《に》げずに、乗り越《こ》えることだと思います。夏の大会は苦しい場面がたくさんあります。先生にやらされる野球ではなく、自分らで乗り越《こ》える野球ができるチームになれば甲子園《こうしえん》に行けると思います」

竜寿《りゅうじゅ》と響希《ひびき》が紡《つむ》いだ昴《すばる》学園の物語は、これからも続いていく。

（文／菊地高弘）

青春サプリ。——きみの背中を見ている

STAFF

STORY. 1
僕たちにしかできないこと
文：
日比野恭三
Kyozo Hibino
宮崎県出身。スポーツライター。
著書に『待ってろ！　甲子園』（ポプラ社）等。

STORY. 2
いつも隣にいてくれた
文：
青木美帆
Miho Aoki
山口県出身。バスケットボールを中心に取材活動中のライター。『Bリーグ超解説 リアルバスケ観戦がもっと楽しくなるTIPS50』（KADOKAWA）などを執筆。

STORY. 3
裏方こそが私たちのステージ！
文：
オザワ部長
Ozawa Bucho
神奈川県出身。世界でただ1人の吹奏楽作家。
著書に『吹奏楽部バンザイ!!　コロナに負けない』（ポプラ社）等。

STORY. 4
築き上げる最高の門
文：
近江屋一朗
Ichiro Omiya
愛知県出身。児童書作家。
主な作品に『怪盗ネコマスク』（集英社みらい文庫）等。

STORY. 5
くじけそうな時にきみがいた
文：
菊地高弘
Takahiro Kikuchi
東京都出身。野球を中心に活動するフリーライター、編集者。
著書に『下剋上球児～三重県立白山高校、甲子園までのミラクル』（カンゼン）等。

絵：**くじょう** Kujo　広島県出身。イラストレーター。

装丁・本文デザイン：相原篤史

心が元気になる、5つの部活ストーリー

青春サプリ。

―― きみの背中を見ている

2024年11月　第1刷

文：日比野恭三・青木美帆・オザワ部長・近江屋一朗・菊地高弘
絵：くじょう

発行者：加藤裕樹
編集：柾屋洋子・崎山貴弘
発行所：株式会社ポプラ社
〒141-8210 東京都品川区西五反田3-5-8
JR目黒MARCビル12階
ホームページ：www.poplar.co.jp（ポプラ社）
印刷・製本：中央精版印刷株式会社
装丁・本文デザイン：相原篤史

ISBN978-4-591-18375-5
N.D.C.916／175P／19cm
Printed in Japan

P7218012